Bergwandern MIT KINDERN rund um Innsbruck

Rudolf und Siegrun Weiss

Tyrolia-Verlag · Innsbruck-Wien

Inhalt

Vorwort

Schwierig war es nicht, 40 „Wanderungen mit Kindern rund um Innsbruck“ zu finden. Wir haben beschrieben, was wir mit unseren sieben Enkelkindern – sie sind heute zwischen 4 und 18 Jahre alt – unternommen haben.

Im Regelfall handelt es sich um anregende Rundwanderungen. Auf- und Abstiege auf derselben Route sind die Ausnahme. Nicht jede Wanderung eignet sich für jede Altersstufe. Um die Auswahl zu vergrößern, wurden jeder „Hauptwanderung“ Varianten angefügt. Dadurch ergibt sich ein großes Angebot von weit über 100 Wandervorschlägen.

Hauptroute und Varianten zusammen ermöglichen eine Leistungsabstufung innerhalb einer Familie oder bei Wanderungen, zu denen sich befreundete Familien zusammengeschlossen haben. Ein Beispiel: Wir wanderten gemeinsam mit einer unserer „Jungfamilien“ und wählten unterschiedliche Ziele. Wir gingen z. B. bei der Wanderung Nr. 38 mit dem achtjährigen Sebastian über den Klettersteig zur Glungezerhütte, während die Eltern mit dem vierjährigen Florian den „Normalweg“ benützten.

Alle unsere Wanderungen mit Kindern haben wir sorgfältig ausgewählt und vorbereitet, mit ungleich höherem Zeitaufwand als unsere „normalen“ Berg- oder Skitouren. Unterwegs haben wir nicht nur für die Sicherheit gesorgt. Die Kinder waren auch unsere Gesprächspartner. Wir haben einander viel besser kennen gelernt als im Alltag. Der Lohn für unsere Mühe waren Begeisterung, Lebenslust und Entdeckungsdrang unserer kleinen Begleiter.

Freude auf Wanderungen mit Kindern wünschen wir auch unseren Lesern – und eine gute Heimkehr nach erlebnisreichen Tagen!

Innsbruck, im Frühjahr 2001

Rudolf und Siegrun Weiss

Einführung

Wie schwierig sind die Wege?

Die Tiroler Landesregierung vergibt ein „Bergwege-Gütesiegel". Eine Bedingung für die Verleihung des Siegels an die Wegerhalter (Alpenvereine, Tourismusverbände) ist die Markierung der Bergwege nach ihrer Schwierigkeit.

Die neuen Wegtafeln sind GELB. Sie enthalten die Ziele mit Schwierigkeitsangabe, Gehzeit und Wegnummer. Eine kleine weiße Tafel gibt Standort und Höhe der Wegtafel an.

GELB (früher: BLAU) = ● bzw. ● leicht. Diese Wege sind gut und lückenlos markiert, ausreichend breit, zumeist nur mäßig steil, nicht ausgesetzt. Auch für Ungeübte geeignet. Entsprechendes Schuhwerk und die übliche Wanderausrüstung sind dennoch erforderlich.

ROT = ● mittelschwer. Gut und lückenlos markierte Wege. Zumeist schmal, häufig steil, teilweise ausgesetzt. Kurze Wegabschnitte manchmal mit Seilversicherungen und/oder Geländern. Geeignet für einigermaßen trittsichere und entsprechend ausgerüstete (vor allem Schuhwerk!) Bergwanderer. Etwas Bergerfahrung, zumindest aber Aufmerksamkeit und Vorsicht erforderlich.

△ *Jüngere oder wenig geübte Kinder müssen bereits auf ROTEN (= mittelschweren) Wegen stellenweise gesichert werden – Reepschnur oder (wie im Bild) Schlauchband mit Handschlaufe genügt in der Regel.*

SCHWARZ = ● schwierig. Gut und ausreichend markiert, jedoch schmal, auf einzelnen Abschnitten steil und ausgesetzt. Teilweise versicherte Kletterstellen (= Gebrauch der Hände erforderlich). Geeignet für völlig trittsichere und schwindelfreie Bergwanderer mit entsprechender Erfahrung und Ausrüstung. Zu den „schwarzen" Bergwegen zählen natürlich auch Klettersteige.

Schwierigkeitseinstufungen werden nach der schwierigsten Stelle eines Weges vorgenommen. Sie gelten bei günstigen Bedingungen. Durch Schneefelder im Frühsommer oder Neuschnee im Herbst, aber auch durch Vermurungen nach einem Unwetter können die Schwierigkeiten erheblich steigen. Deshalb ist es mitunter zweckmäßig, Informationen einzuholen (Tourismus- oder Bergführerbüro).

◁ *Der neueste Stand bei den Wegtafeln: Grundfarbe GELB (früher: BLAU), Schwierigkeitsbezeichnung durch Farbpunkt (ROT = mittelschwer).*

Welche Ziele sind für Kinder geeignet?

Eine allgemeine Empfehlung „für Kinder geeignet“ ist sinnlos. „Kindheit“ nennen wir die Altersspanne vom 2. bis zum 12. Lebensjahr. Was für einen Gehanfänger angemessen ist, wird einen Zwölfjährigen langweilen; was der Zwölfjährige schätzt, wird den Zwei- oder Dreijährigen überfordern. Eine genauere Altersangabe ist notwendig. Auch sie reicht nicht aus, denn im Einzelfall kommt es darauf an, dass das Kind der Länge und Schwierigkeit der Wanderung gewachsen ist. Das hängt nicht nur vom Alter ab, sondern auch von der individuellen Geschicklichkeit, Ausdauer und Erfahrung.

Kinder sind übrigens erstaunlich leistungsfähig, wenn es sie freut. Eine besondere Rolle spielt offensichtlich die Motivation. Sie hängt auch vom pädagogischen Geschick der Eltern ab. Wenn die Eltern mit ihren Freunden auf der (für Kinder ohnehin langweiligen) Forststraße im munteren Geplauder vorausgehen und die Kinder in gehörigem Abstand lustlos hinterhertrotten, braucht man sich nicht wundern, wenn das Ziel nicht erreicht wird. Kinder sind natürlich leichter zu motivieren, wenn auf einer Wanderung Attraktionen vorkommen wie Burgen, Kletterfelsen, Spielplätze im Wald oder an einem See.

Was die Schwierigkeiten betrifft: Die Meinung, Forststraßen seien für Wanderungen mit Kindern geeignet, weil leicht und ungefährlich, ist ein gewaltiger Irrtum. Kinder jeden Alters wollen „klettern“, das heißt sie suchen geradezu ein gewisses Maß an alpiner Schwierigkeit.

Voraussetzung: Die Eltern müssen den Schwierigkeiten der Wanderung gewachsen sein und ihre Kinder bei Bedarf sichern können. „Klettern“ wurde allerdings mit Absicht unter Anführung gesetzt. Für Kleinkinder beginnt das Klettern schon auf BLAUEN (neuerdings GELBEN = ● leichten) Wanderwegen, Schulkinder finden auf den ROTEN (= ● mittelschweren) ein reiches Betätigungsfeld. Von den 40 Wanderungen in unserem Buch sind nur drei als „leichte Kletterei“ (= ● SCHWARZ) zu bezeichnen, eine davon nur auf den letzten 10 Metern.

An natürlichen Spielgeräten herrscht auf Wanderungen kein Mangel. ▷

Welche Wanderung für welches Alter?

Die Altersempfehlungen haben wir nach unseren Erfahrungen festgelegt. Sie gelten für gesunde, normalgewichtige, bewegungs- und gehfreudige Kinder. Unsere Angaben sind lediglich Hinweise, die nicht für den Einzelfall gelten. Die Entscheidung für eine bestimmte Wanderung müssen letztlich die Eltern treffen, die ihre Kinder kennen und deren Leistungsfähigkeit zumeist gut einschätzen können.

Um die Auswahl für die einzelnen Altersbereiche zu vergrößern, haben wir neben den „Hauptwanderungen" auch Varianten erwähnt (siehe gegenüberliegende Tabelle).

Wie sichern wir unsere Kinder?

Kleinkinder und ungeübte Schulkinder müssen an bestimmten Stellen, das heißt wenn Abrutsch- oder gar Absturzgefahr besteht, auch auf ROTEN (= ● mittelschweren) Wanderwegen gesichert werden. Kinder sind zwar zumeist geschickt, oft aber unkonzentriert, leicht ablenkbar. Dann genügt ein Stolpern und der kleine Hans-Guck-in-die-Luft stürzt. Ein solcher Sturz kann schlimme Folgen haben. Daher sollte das Kind lieber zu häufig als einmal zu wenig gesichert werden.

Das Kind zur Sicherung an der Hand zu führen, ist nicht empfehlenswert. Das mag für eine kurze Stelle, etwa das Überqueren eines Baches, angehen. Für längere Wegstrecken oder gefährliche Wegstellen ist diese Maßnahme ungeeignet. Sie hemmt zudem das Erlernen der Trittsicherheit. Andererseits ist eine „richtige" Seilsicherung bei der geringen Schwierigkeit der hier vorgestellten Wanderungen übertrieben.

In diesen Fällen reicht zumeist eine 5 m lange Reepschnur (8 mm Durchmesser) in Verbindung mit einem Brustgürtel aus. Die Reepschnur wird mit einem gesteckten Sackstich in den Brustgürtel eingebunden, am anderen Ende knüpft man sich einen Sackstich als Handschlaufe. Ein Sackstich ist in der Umgangssprache ein

Welche Wanderung für welches Alter?

Kinder von 2-12 Jahren:
Touren 8, 12b

Kinder von 3-12 Jahren:
Touren 1, 2, 5, 6b, 11a, 13c, 14, 16a, 23, 26a, 30b, 32a, 33, 36, 37b

Kinder von 4-12 Jahren:
Touren 2a, 4a, 6, 7a, 10a, 12a, 14a, 15, 17, 18b, 21, 22, 23a, 24a, 25, 27, 37, 37a

Kinder von 5-12 Jahren:
Touren 4, 7b, 8a, 11b, 12, 13a, 14b, 18, 23b, 24 25a, 32b, 33a, 36a, 39a

Kinder von 6-12 Jahren:
Touren 1a, 2b, 3a, 4b, 5a, 7c, 9, 16, 17a, 18a, 18c, 19, 20a, 21a, 22a, 24b, 25b, 28a, 32, 34, 35, 36c, 38a, 39, 39b, 40

Kinder von 7-12 Jahren:
Touren 19a, 26b, 28, 28b, 40a

Kinder von 8-12 Jahren:
Touren 1b, 2c, 3b, 5b, 6a, 8b, 9a, 10, 11, 13, 19b, 23c, 26, 29a, 29b, 30, 31, 33b, 34a, 35a, 37c, 38, 40c

Kinder von 9-12 Jahren:
Touren 10b, 20, 27a, 31a, 40b

Kinder von 10-12 Jahren:
Touren 1c, 3, 7, 9b, 13b, 15a, 16b, 20b, 21b, 22b, 25c, 27b, 27c, 29, 30a, 31b, 34b, 35b, 36b

ganz gewöhnlicher „Knopf", den „gesteckten" Sackstich zeigt einem der Verkäufer in der Bergsportabteilung.

Achtung: Knoten stets ordentlich zuziehen; das freie Ende muss etwa 8 cm lang (= zehnfacher Seildurchmesser) sein, damit sich der Knoten nicht unter Belastung aufziehen kann.

Richtiges Anseilen und richtiges Sichern ist nur bei den wenigen SCHWARZEN Touren erforderlich. Wer nicht über die entsprechenden Kenntnisse und Erfahrungen verfügt, sollte einen Grundkurs in einer Bergsteigerschule besuchen. Ein Verzeichnis dieser Schulen ist kostenlos erhältlich bei Tirol Info, Maria-Theresien-Str. 55, A-6010 Innsbruck,Tel. +43/512/772, Fax +43/0512/7272-7, E-Mail tirol.info@tirolwerbung.at.

Welche Ausrüstung brauchen wir?

Für GELBE bzw. BLAUE Wanderungen (= ● leichte) reichen Sportschuhe aus. Für ROTE (= ● mittelschwere) Wanderungen, das sind die meisten in diesem Buch, brauchen wir bereits festes Schuhwerk mit griffiger Sohle. Wir empfehlen Trekkingschuhe. Sie sind genügend steif, um die Knöchel zu schützen und auf steilen Querungen Halt zu bieten. Eine griffige Sohle unterstützt die Trittsicherheit. Mit diesen Schuhen bewältigen wir auch SCHWARZE (= ● schwere) Wanderungen. Steigeisenfeste Bergschuhe oder spezielle Kletterschuhe sind für die von uns beschriebenen Wanderungen nicht erforderlich.

Anorak und Überhose gehören als Regen-, Wind- und Kälteschutz in den Rucksack. Tourenproviant und ausreichend Flüssigkeit in einer Thermosflasche sind weitere Voraussetzungen für Wanderungen. Eine Erste-Hilfe-Box und ein Biwaksack sind empfehlenswerte Ergänzungen.

Bereits auf ROTEN (= ● mittelschweren) Wegen sollten Eltern grundsätzlich zumindest eine Reepschnur mitnehmen, um das Kind an bestimmten Stellen oder auch bei der Kletterei auf einem Felsen neben dem Weg sichern zu können.

Forststraße ist langweilig,
Klettern ist lustig. ▷

Die Kärtchen in diesem Buch können eine Wanderkarte nicht ersetzen. Die Nummern der verbreiteten Wanderkarten von Freytag & Berndt und von Mayr wurden deshalb angeführt. Genauer sind die Blätter der Alpenvereinskarte und der amtlichen Österreichischen Karte (ÖK). Achtung: Höhenangaben stimmen oft nicht genau überein!

Gehzeiten auf Bergwanderungen

Die Zeitangaben sind als Gehzeiten ohne Rasten oder sonstige Aufenthalte (z. B. Fotografierpausen) zu verstehen. Sie gelten für Erwachsene und müssen von den Eltern an Alter und Leistungsfähigkeit ihrer Kinder angepasst werden.

Im Notfall ...

Trotz aller Umsicht kann sich ein Unfall ereignen. Wie verständigen wir die Bergrettung? Wirkungsvoller als der „Alpine Notruf“ (6 optische oder akustische Zeichen in der Minute) ist ein Notruf über das Handy (Mobiltelefon): Bergrettung 140, Euro-Notruf 112. Das Handy funktioniert nach unseren Erfahrungen auf allen Wanderungen, in manchen Fällen allerdings nicht auf jedem Teil des Weges.

Hilfreiche Bücher

Dewald, Wilfried (1994), Mayr, Wolfgang und Umbach, Klaus: Mit Kindern ins Gebirge. Ein Ratgeber. Bruckmann Verlag. München.

Weiss, Rudolf (1999): Komm mit in die Berge! Anregungen für bergsteigende Eltern. Verlag Carinthia. Klagenfurt.

Lehnberghaus, 1554 m

Wanderspaß für alle Altersstufen

Kindereignung: Ab 3 Jahren
Gehzeit: ↑ 1½ + ↓ 1 = 2½ Std.
Höhenunterschied: 400 m
Talort: Obsteig, 991 m
Auskünfte: Tourismusverband A-6416 Obsteig, Tel. 05264/8106, Fax 8230
Landkarte: Mayr WK 14 oder Freytag & Berndt WK 322
Ausgangspunkt: Gasthof Arzkasten, 1151 m
Anfahrt: Innsbruck – Ausfahrt Mötz der Inntal-Autobahn – Mieminger Plateau – Obsteig; 2 km Richtung Holzleitensattel, nach rechts zum Gasthof Arzkasten; große Parkplätze (gebührenpflichtig). Oder: Mit dem Bus (Linie 4176) zur Haltestelle Holzleitensattel; zu Fuß 20 Min.

Auf der Forststraße kurze und leichte Hüttenwanderung, auch für „Kraxenkinder" geeignet. Die Wanderung ist ausbaufähig: schwierigere und längere Varianten für Jung-Alpinisten sind möglich!

Das Lehnberghaus in kinderfreundlicher Lage am Waldrand und mit Spielplatz.

Aufstieg

Vom Gasthof zu einer Brücke. Drei Möglichkeiten: der Wanderweg, die Skipiste (nicht markiert, aber deutliche Wegspuren), die Forststraße. Empfehlung: den Wanderweg für den Aufstieg, die Skipiste für den Abstieg. Der Wanderweg führt neben dem Bach zunächst am (im Anstiegssinne) linken, dann am rechten Ufer aufwärts, zuletzt kurz, aber ziemlich steil, zur Hütte.
Spielplatz für Kinder.

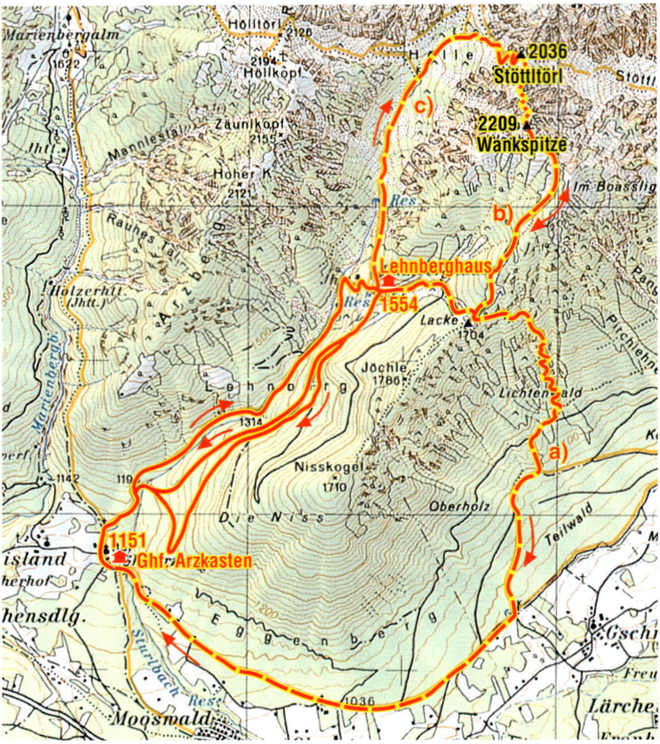

Abstieg

10 Min. auf der Forststraße talaus, dann nach rechts zur Skipiste (kein Hinweisschild, keine Markierung, doch deutliche Wegspuren). In der breiten Schneise durch den Wald und zum Gasthof Arzkasten.

Varianten

- 1a) Über die Lacke (1704 m) nach Arzkasten. Ab 6 Jahren. Abstieg unschwierig, aber steil! Insgesamt 4 Std.
- 1b) Wankspitze (2209 m). Markierter Bergpfad. Ab 8 Jahren. Insgesamt 5½ Stunden.
- 1c) Wankspitze (2209 m) über den Klettersteig. Ab 10 Jahren. Entsprechende Ausrüstung und Seilsicherung erforderlich! Insgesamt 7 Std.

Zum Inntalblick

Zwei Aussichtswarten mit Panoramablick

Kindereignung: Ab 3 Jahren
Gehzeit: ↑ 0 + ↓ 1½ Std.= 1½ Std.
Höhenunterschied: ↑ 0, ↓ 500: 500 m
Talort: Obsteig, 991 m
Auskünfte: Tourismusverband A-6416 Obsteig, Tel. 05264/8106, Fax 8230
Landkarte: Mayr WK 14 oder Freytag & Berndt WK 352
Ausgangspunkt: Weiler Finsterfiecht, Sessellift-Talstation (1031 m), Parkplatz
Anfahrt: Innsbruck – Ausfahrt Mötz der Inntal-Autobahn-Mieminger Plateau – Obsteig. Nach links abzweigen (Hinweisschild „Sessellift") zur Talstation. Oder: Bus (Linie 4176) nach Obsteig, ½ Std. zu Fuß.

Kurzweilige „Wanderung bergab". Für Kleinkinder ist der Aussichtsturm eine tolle Kraxlerei. Tipp für heiße Tage: Bei der Rückfahrt nach Mötz kleiner Badesee links, etwa 1 km nach der Abzweigung bei Barwies.

Abblick ins Inntal. Rechts im Bild der Tschirgant.

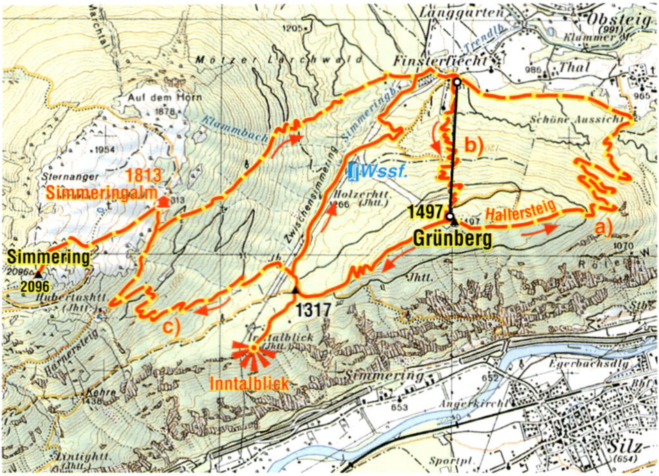

Aufstieg

Mit der Sesselbahn bequem zur Bergstation (1497 m). Auf eigenen Beinen über zahlreiche eiserne Stufen zur obersten Terrasse des Aussichtsturms. Herrliche Rundsicht!

Abstieg

Richtung West in eine breite Einsattelung (1317 m). Von hier zum Inntalblick (Hinweisschild), einem gegen das Inntal vorgeschobenen Aussichtspunkt. Nach diesem Abstecher auf einer Forststraße durchs Zwischensimmering, an einem Wasserfall vorbei, zum Parkplatz hinunter.

Varianten

- 2a) Abstieg über den Hallersteig. In zahlreichen Kehren zum Sonnenplateau-Rundwanderweg und zum Parkplatz. Schwieriger, aber anregender. Ab 4 Jahren. 1½ Std.
- 2b) Statt mit der Sesselbahn: zu Fuß auf den Grünberg (1497 m). Steiler, schweißtreibender Aufstieg! Ab 6 Jahren. Insgesamt 3 Std.
- 2c) Simmering, 2096 m. Über den Sattel. Abstieg über die Simmeringalm (1813 m, Jausenstation) zur Talstation. Ab 8 Jahren. Insgesamt 4½ Std.

Judentörl, 1935 m

Abwechslungsreich mit vielen Attraktionen

Kindereignung: Ab 10 Jahren
Gehzeit: ↑ 3 + ↓ 2 = 5 Std.
Höhenunterschied: 1000 m
Talort: Wildermieming, 872 m
Auskünfte: Tourismusverband A-6414 Wildermieming, Tel. 05264/5336, Fax 58439
Landkarte: Mayr WK 14 oder Freytag & Berndt WK 322
Ausgangspunkt: Waldrand nördlich von Wildermieming, beschränkte Parkmöglichkeit
Anfahrt: Innsbruck – Ausfahrt Inntal-Autobahn Telfs West – Mieminger Plateau – Wildermieming. Oder: Bus (Linie 4176) nach Affenhausen, ¼ Std. zu Fuß.

Steiler, anstrengender Aufstieg! Dann aber folgt das Vergnügen: Einkehr und Spielmöglichkeiten bei der Alplhütte und ein abwechslungsreicher Abstieg. – Wildermieming war Drehort der Fernsehserie „Der Bergdoktor“. Besichtigungsmöglichkeit des „Doktorhauses“.

Die gemütliche Neue Alplhütte der Familie Rainer ist eine willkommene Einkehr. Auch zahlreiche Spielmöglichkeiten gibt es hier.

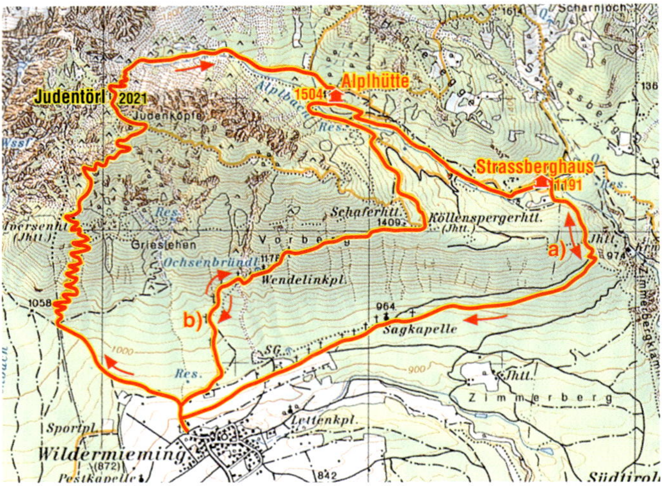

Auf einem Forststräßchen Richtung Nordwest durch den Wald, dann aber in vielen Kehren steil zu einer Jagdhütte und weiter zum Judentörl (1935 m).

Abstieg

Zum Alplbach hinunter und im Tal bis zur Neuen Alplhütte (1504 m; geöffnet vom 1. Juni bis 1. November, Tel. 0663/925/9922). Schöne Spielmöglichkeiten! Weiter im Tal auf bequemem Weg zum Wirtshaus Straßberg (1191 m), über den Alplbach und auf dem Wanderweg Wildermieming an der Sagkapelle (964 m) vorbei (Kreuzwegstationen) zurück zum Ausgangspunkt.
Oder steiler und schöner: über den Ochsenbründlsteig, vorbei an der Wendelinkapelle (1178 m), zuletzt ziemlich steil (Kreuzwegstationen mit Farbdrucken) durch den Wald nach Wildermieming.

Varianten

- 3a) Zur Neuen Alplhütte hin und zurück über das Straßberghaus. Ab 6 Jahren. 4 Std.
- 3b) Über den Ochsenbründlsteig zur Neuen Alplhütte, Abstieg über Straßberg. Ab 8 Jahren. 4½ Std.

Übern Brunschkopf, 1510 m

Vom Wildmoossee zum Möserer See

Kindereignung: Ab 5 Jahren
Gehzeit: Insgesamt 3½ Std.
Höhenunterschied: geringfügig
Talort: Seefeld, 1200 m
Auskünfte: Tourismusverband A-6100 Seefeld, Tel. 05212/2313, Fax 3355
Landkarte: Mayr WK 16 oder Freytag & Berndt WK 322 (Wetterstein–Karwendel, Seefeld–Leutasch)
Ausgangspunkt: Parkplätze in der Nähe der Gschwandtkopfbahn
Anfahrt: Innsbruck – Ausfahrt Seefeld beim Knoten Zirl Ost der Inntal-Autobahn – Zirler Berg – Seefeld. Bereits vor dem Ort nach links zum erwähnten Parkplatz. Oder: Bus (Linie 1186).

Auf dieser Rundwanderung gibt es viel zu erzählen:

- warum die sehenswerte Barockkapelle Seekirchl heißt, obwohl weit und breit kein See zu sehen ist (der Tiroler Landesfürst hatte im 17. Jhdt. einen künstlichen See anlegen lassen, damals stand das Kirchlein wirklich auf einer Insel im See, der später aber wieder versiegte);
- was es mit dem „Seefelder Altarwunder" in der schönen spätgotischen Pfarrkirche auf sich hat (der stolze Ritter Oswald Milser verlangte eine große Hostie wie der Priester, „nit die kleinen wie die armen Leut", da sank der Ritter zu Boden, der Altar, an dem er sich halten wollte, wurde weich wie Wachs und die Hostie zeigte Blutspuren);
- warum beim Wildmoos- und beim Lottensee „periodisch" auf der Landkarte steht (diese Seen verschwinden in manchen Jahren fast vollständig, in anderen laden sie zum Bad oder zu einer Bootsfahrt).

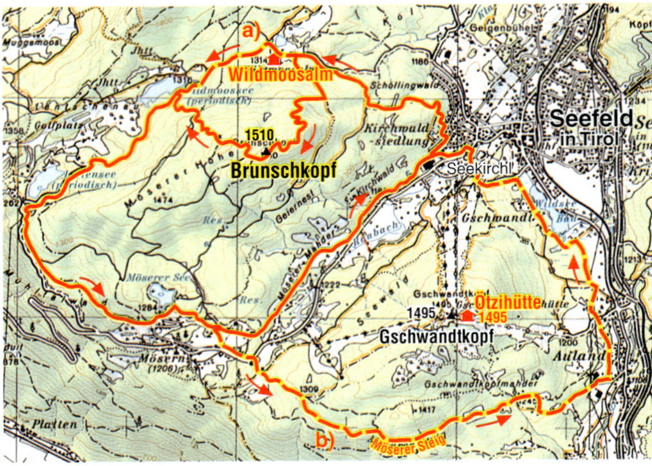

Rundwanderung

Der Hörmannweg, ein breiter und bequemer Wanderweg, führt uns durch den Wald zur Jausenstation Wildmoos. Schon etwas vorher nach links und auf einen „Gipfel im Wald“, den Brunschkopf (1510 m).

Im Abstieg erreichen wir den Wildmoossee (1316 m) – hoffentlich bei gutem Wasserstand wie bei unserem letzten Besuch. Weiter geht es zum Lottensee, der gleichfalls nur periodisch auftritt, und auf dem Pirschsteig zum Möserer See (1284 m). Erst auf diesen See kann man sich verlassen. Er ist beständig.

Von ihm kehren wir, durchwegs nicht auf der Fahrstraße, sondern neben ihr auf einem schönen Wanderweg, zum Ausgangspunkt zurück.

Varianten

- 4a) Von der Jausenstation Wildmoos unmittelbar zum Wildmoossee. Ab 4 Jahren. 3½ Std.
- 4b) Rund um den Gschwandtkopf. Vom Möserer See zum Rasthaus Mösern und südlich des Gschwandtkopfs über den Möserer Steig in einem weiten Bogen zum Wildsee und zurück zum Ausgangspunkt.
  Ab 6 Jahren. 4¼ Std.

Kleiner bezaubernder See bei der Wildmoosalm, dahinter ragt die Reither Spitze auf (Tour 4).

Fröhliche Kinder: Mit den Seefelder Bergbahnen Rosshütte (Standseilbahn und Gondelbahn) zur Bergstation Seefelder Joch (2060 m): Ausgangspunkt von Wanderungen für jedes Alter. Bemerkenswerte Fernsicht (Tour 5). (Foto: Bergbahnen Rosshütte, Seefeld)

Seefelder Spitze, 2221 m

Idealer Gipfel für angehende Bergsteiger

Kindereignung: Ab 3 Jahren
Gehzeit: ↑ ¾ + ½ ↓ = 1¼ Std.
Höhenunterschied: 200 m
Talort: Seefeld, 1200 m
Auskünfte: Tourismusverband A-6100 Seefeld, Tel. 05212/2313, Fax 3355
Landkarte: Mayr WK 16 oder Freytag & Berndt WK 322
Ausgangspunkt: Talstation der Standseilbahn Rosshütte, östlich von Seefeld an der Umfahrungsstraße (1234 m, großer Parkplatz)
Anfahrt: Innsbruck – Ausfahrt Seefeld beim Knoten Zirl Ost der Inntal-Autobahn – Zirler Berg – Seefeld. Oder: mit dem Bus (Linie 1186).

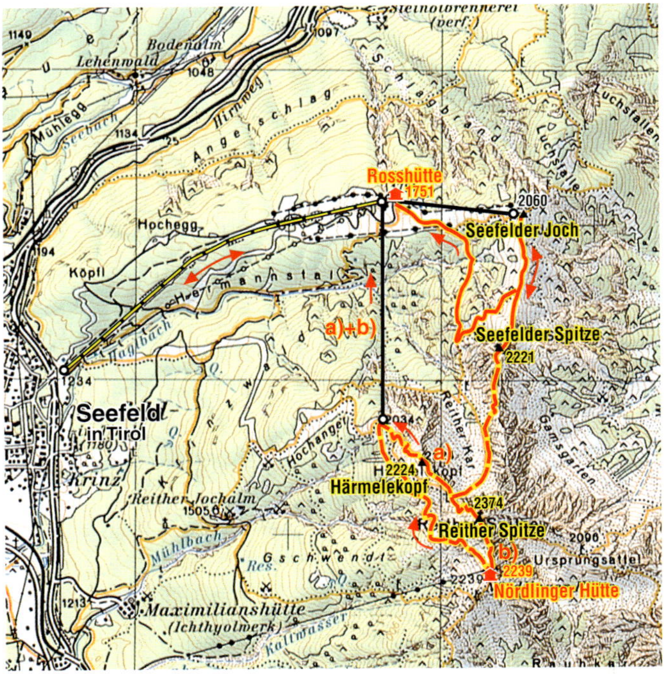

Passendes für jedes Alter: Kleinkinder erleben auf der Seefelder Spitze ihren ersten richtigen Gipfel – mit mächtigem Gipfelkreuz und einer Flugschau, vorgeführt von zutraulichen Bergdohlen. Schulkinder überschreiten – gesichert von bergerfahrenen Eltern – die Reither Spitze, eine leichte Kraxlerei mit einem Hauch von Klettersteig.

Aufstieg
Mit der Standseilbahn und einer Gondelbahn zur Bergstation Seefelder Joch (2060 m). Auf gutem Weglein ohne Orientierungsprobleme über den Rücken zum Gipfel.

Abstieg
Wie Aufstieg. Wenn's dem Nachwuchs gefällt, vom Joch weiter bis zur Mittelstation Rosshütte absteigen, zusätzlich ½ Std. (Der Steig, der kurz nach der Seefelder Spitze zur Mittelstation abzweigt, ist steil und geröllig, für kleine Kinder weniger geeignet.)

Varianten

- 5a) Von der Seefelder Spitze über den Härmelekopf (2224 m) zur Bergstation der gleichnamigen Seilbahn (2034 m). Teilweise etwas ausgesetzt. Ab 6 Jahren. 2½ Std.
- 5b) Seefelder Spitze – Reither Spitze (2374 m) – Nördlinger Hütte (2239 m) – Bergstation Härmelekopf über den Kuntnersteig. Kinder sichern! Ab 8 Jahren. Insgesamt 3½ Std.

Die Bergdohlen auf der Seefelder Spitze fressen buchstäblich aus der Hand.

Tour 6

Karwendel

Zur Kaiser-Maximilian-Grotte

... und in die Ehnbachklamm

Kindereignung: Ab 4 Jahren
Gehzeit: Insgesamt 2 Std.
Höhenunterschied: Insgesamt etwa 300 m
Talort: Zirl, 622 m
Auskünfte: Tourismusverband A-6170 Zirl, Tel. 05238/52235, Fax 53535
Landkarte: Mayr WK 20 oder Freytag & Berndt WK 241
Ausgangspunkt: Parkplatz vor dem Beginn der Fahrstraße (Fahrverbot, nur für Berechtigte) ins Brunntal
Anfahrt: Innsbruck – Kranebitten – Zirl. Am östlichen Ortsende nach rechts, am Weinhof vorbei, durch die Autobahn-Unterführung und zum Parkplatz neben dem Rotkreuzstützpunkt Zirl. Oder: Mit dem Bus (Linie 1186) von Innsbruck nach Zirl, von der Haltestelle ¼ Std. zum Ausgangspunkt.

Rast in der Kaiser-Max-Grotte. Natürlich musste auch die Puppe hierher mitkommen.

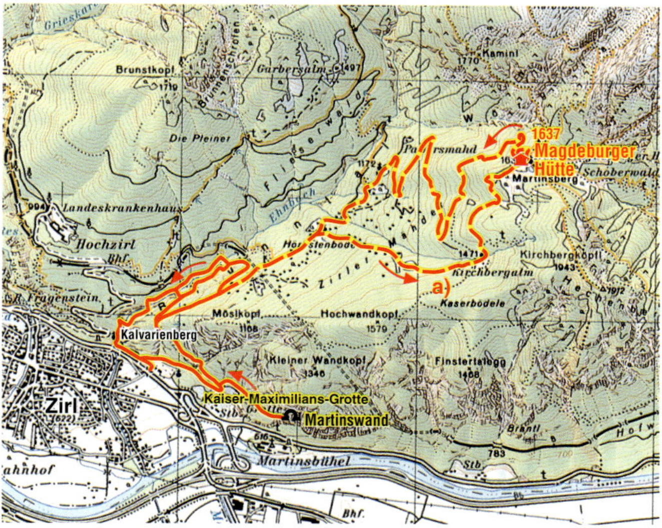

Die Wanderung beginnt auf einer Forststraße. Das dauert nicht lang: eine Leiter ist der Einstieg zum kurzweiligen Weg, der zuletzt – vor dem geschnitzten Kaiser Max – einem („babyleichten“ – Originalton Enkelkinder) Klettersteig ähnelt. Der Anstieg zur Ehnbachklamm beginnt leider auch mit einer Forststraße. Doch wird es auch hier spannend, wenn man die Sperre überquert, Kletterer in den Felswänden bestaunt, am Bach spielt oder auf dem Steiglein in die Schlucht hinabsteigt. Kleine oder wenig geübte Kinder müssen an mehreren Stellen gesichert werden (Reepschnur mit Handschlaufe).

Rundwanderung:

Auf dem Fahrweg zur ersten Kehre. Wenige Meter danach beginnt der Steig (Leiter). Er führt in einigem Auf und Ab, zuletzt kurz und steil, zur Grotte. Kreuz, kniender Kaiser Maximilian, Gedenktafel, schöner Blick über das Inntal. Hier ist auch die „Mittelstation“ des schwierigen Kaiser-Max-Klettersteiges, der viel Armkraft erfordert und für Kinder (auch bei guter Sicherung durch die Eltern) ungeeignet ist. Zurück zum „Einstieg“. Auf dem Fahrsträßchen zu einer Kehre (kleiner Parkplatz, Kreuz). Hier zweigt ein Weg ab, der in wenigen Minuten zur Talsperre oberhalb der Ehnbachklamm führt. Über diese Sperre und auf einem anregenden Weg, der mit einer steilen Stiege beginnt, durch die Klamm nach Zirl. Kurz vor den ersten Häusern des Dorfes kann man zur Kapelle auf dem Kalvarienberg aufsteigen. Dann folgt man der Hinweistafel „Brunntal, Magdeburger Hütte“ zurück zum Beginn der Forststraße bzw. zum Parkplatz.

Variantem

6a) Über die Neue Magdeburger Hütte (1637 m). Auf Fahrstraße und Weg über die Kirchbergalm (1471 m) zur Hütte. Abstieg über Fahrsträßchen in die Ehnbachklamm. Ab 8 Jahren. Insgesamt 6 Std.

6b) Nur zur Grotte und zurück. Ab 3 Jahren. 1 Std.

Bild oben: Baumstamm als Spielgerät. Im Hintergrund Innsbruck, darüber die Serles (Tour 7).

Stärkung im Einkehrgasthof Rauschbrunnen hoch über Innsbruck (Tour 7)

Aspachhütte, 1535 m

Aussichtskanzel hoch über Innsbruck

Kindereignung: Ab 10 Jahren
Gehzeit: 6 Std.
Höhenunterschied: ↑ 900, ↓ 850 m
Talort: Innsbruck, 574 m
Auskünfte: Tourismusverband A-6020 Innsbruck, Tel. 0512/59850, Fax 59850-7
Landkarte: Mayr WK 20 oder Freytag & Berndt WK 241 (Innsbruck, Stubai–Sellrain, Brenner)
Ausgangspunkt: Kirche im Stadtteil Allerheiligen, 650 m
Anfahrt: Obuslinie O mit Endstation Allerheiligen.

Anspruchsvolle Wanderung im Nahbereich der Stadt. Besonders schön im Herbst. Im Sommer ist wegen der Südlage früher Aufbruch ratsam.

Aufstieg:

Von der Kirche zur Karwendelbahn, nach dem Gasthof Allerheiligen steil zu einem Kurzzeitparkplatz. Über einen rauen Fahrweg zu einer Forststraße und (erst links, dann rechts) zu einem Lawinendamm, den man überschreitet.

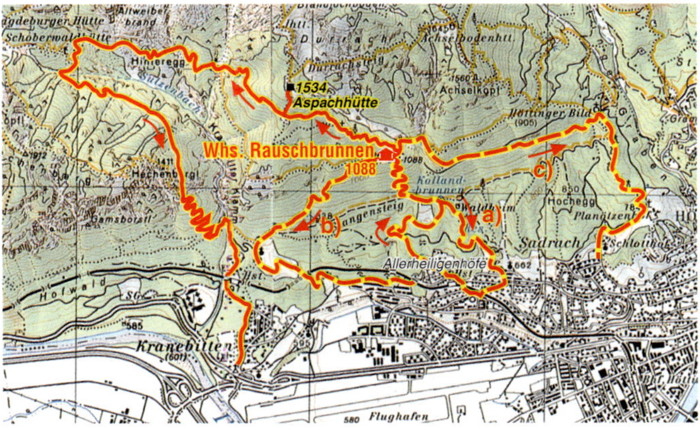

Ab dem Kollandbrunnen auf markiertem Weg zum Rauschbrunnen (an Wochenenden bewirtschaftet). Vom Gasthof in vielen Kehren zu einer Jagdhütte (1432 m, Klammeck). Auf einem Stichweg zur Aspachhütte (1535 m). Die Hütte liegt aussichtsreich hoch über Innsbruck, bietet aber keine Einkehrmöglichkeit. Darauf sollte man den Nachwuchs beim Rauschbrunnen mit einem „Bestechungssaftl“ vorbereiten.

Abstieg:
Zurück zur Jagdhütte. Nach rechts über den Krummen Steig in vielen Kehren durch den Wald in Richtung Klamm hinunter. Nun wieder bergauf und auf einer Art Terrasse talein. Man erreicht eine Wegverzweigung. Nach rechts ginge es zur Magdeburger Hütte. Wir halten uns links, wechseln die Talseite und queren auf dem Schleifwandsteig hoch über der Kranebitter Klamm talaus. Zuletzt geht es ordentlich steil zum Sulzenbach hinunter. Über den Bach, dann auf einer Fahrstraße in 5 Minuten zur Haltestelle Kranebitten der Mittenwaldbahn. Mit der Bahn zur Haltestelle Allerheiligenhöfe.

Varianten:

● 7a) Vom Rauschbrunnen zurück zum Kollandbrunnen. Nach links zum Berchtoldshof und zurück zur Kirche Allerheiligen. Ab 4 Jahren. Insgesamt 2½ Std.

● 7b) Vom Rauschbrunnen auf einem schönen Steig durch den Wald zum Kerschbuchhof (ehemals Einkehrgasthof, nicht mehr bewirtschaftet) und durch Wiesen, später durch Wald, hinter der Siedlung Peerhöfe vorbei zurück zum Ausgangspunkt. Ab 5 Jahren. Gesamtzeit 3½ Std.

● 7c) Vom Rauschbrunnen über den Knappensteig in Richtung Höttinger Bild, dann rechts haltend zum Planötzenhof (Einkehrgasthof in herrlicher Lage). Auf einem Fahrweg durch den Wald zum Stadtteil Sadrach (680 m). Endstation der Linie A. Ab 6 Jahren. Gesamtzeit 3½ Std.

Höttinger Bild, 905 m

Ideal für „Kraxenkinder mit Laufpausen"

Kindereignung: Ab 2 Jahren
Gehzeit: ↑ 1 Std. + ↓ ¾ Std. = 1¾ Std.
Höhenunterschied: 200 m
Talort: Innsbruck, 574 m
Auskünfte: Tourismusverband A-6020 Innsbruck, Tel. 0512/59850, Fax 59850-7
Landkarte: Mayr WK 20 oder Freytag & Berndt WK 241
Ausgangspunkt: Stadtteil Sadrach, etwa 700 m
Anfahrt: Mit dem Bus (Linie A) zur Endstation Sadrach.

Dieses Ziel ist für die Allerjüngsten geeignet – für Säuglinge, die vom Vater oder der Mutter in der Kraxe getragen werden, und für Kleinkinder, die erste Versuche in der Kunst des Laufens unternehmen. Das Bild ist übrigens ein Kupferstich, den ein Höttinger Student 1675 an einer Lärche angebracht hat. Nach andächtigem Beten vor diesem Bild erzielte er viel bessere Fortschritte in seinem Studium. 100 Jahre später wurde die Wallfahrtskapelle errichtet – und noch heute wird die Wallfahrt von Studenten besonders geschätzt.

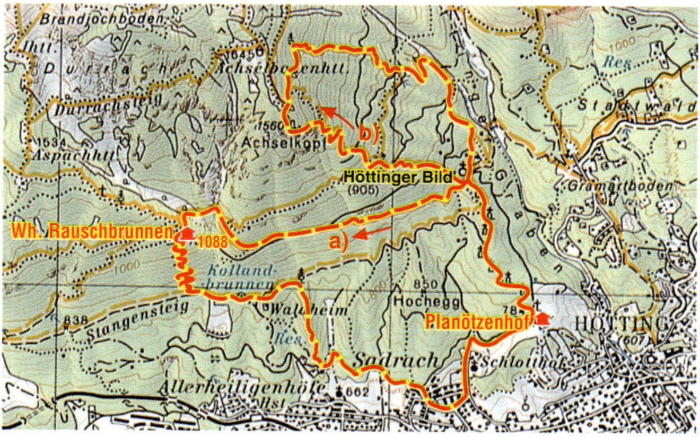

Das Höttinger Bild ist ein geeignetes Wanderziel für Kraxenkinder und Gehanfänger.

Aufstieg
Auf einem Fahrsträßchen zum Einkehrgasthof Planötzenhof (784 m). Bis hierher auch mit eigenem PKW, Parkmöglichkeit, ab hier Fahrverbot. Weiter durch den Wald auf bequemem Weg (Kreuzwegstationen) zur Wallfahrtskirche Höttinger Bild.

Abstieg
Wie Aufstieg. Fährt man mit dem eigenen PKW zum Planötzenhof, verringert sich die Gesamtzeit um eine knappe ½ Std.

Varianten
- 8a) Höttinger Bild – Knappensteig – Rauschbrunnen (1088 m, Gasthof, an Wochenenden geöffnet) – Stangensteig – Planötzenhof. Ab 5 Jahren. Gesamtzeit 3 Std.
- 8b) Höttinger Bild – Achselkopf (1560 m) – Höttinger Graben – Höttinger Bild. Steiles Weglein, einige Drahtseile. Weniger geübte Kinder sichern. Vom Höttinger Bild hin und zurück 3 Std. Ab 8 Jahren.

Hermann-Buhl-Weg

Vom Hafelekar in die Pfeis

Kindereignung: Ab 6 Jahren
Rundwanderung: 4½ Std.
Höhenunterschied: 600 m
Talort: Innsbruck, 574 m
Auskünfte: Tourismusverband A-6020 Innsbruck, Tel. 0512/59850, Fax 59850-7
Landkarte: Mayr WK 20 oder Freytag & Berndt WK 323
Ausgangspunkt: Bergstation Hafelekar, 2269 m
Anfahrt: Mit Standseilbahn, Bus oder Auto zur Hungerburg (868 m). Mit zwei Teilstrecken der Nordkettenbahn zur Bergstation Hafelekar.

Zur Pfeishütte

Von der Bergstation wählen wir den kleinen Umweg über die Hafelekarspitze (2334 m), die wir überschreiten und kurz darauf wieder auf den Buhlweg/Goetheweg stoßen. Bei der Mühlkarscharte (2243 m) wechseln wir auf die

Auf dem Gipfel der Mandlspitze mit Blick zu Olperer, Serles und Habicht.

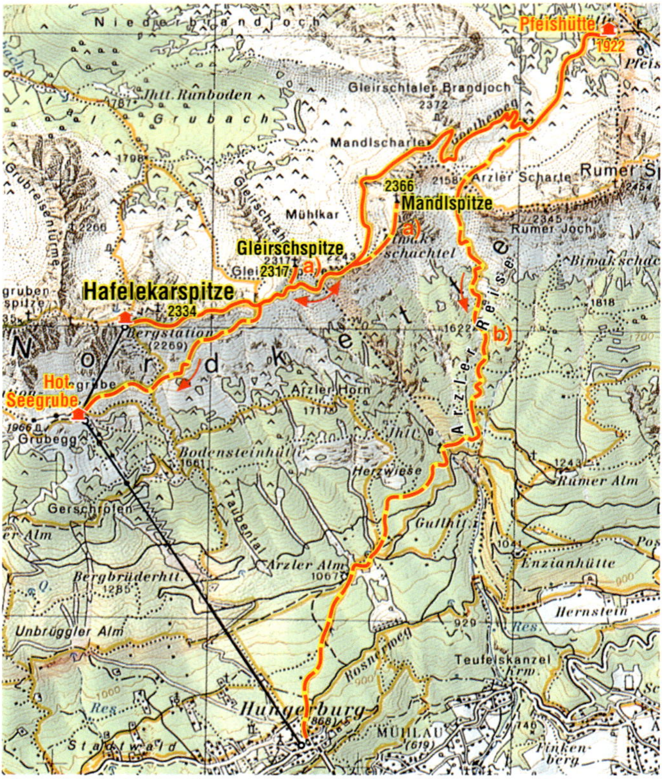

Hermann Buhl war einer der erfolgreichsten Bergsteiger Tirols, berühmt vor allem durch die Erstbesteigung des Nanga Parbat (8125 m) im Alleingang. Dennoch ist unser Weg unter seinem ursprünglichen Namen Goetheweg bekannter. Er führt ungemein aussichtsreich 1500 m über dem Inntal zur Pfeishütte. Alpine Schwierigkeiten gibt es nicht, doch könnte ein Stolpern an manchen Stellen verhängnisvoll werden. Jüngere oder weniger berggewohnte Kinder sollten daher angeseilt werden (Reepschnur mit Handschlaufe).

Nordseite. Hier findet man bis in den Sommer hinein Schneefelder, ein großartiges Erlebnis für Kinder, das aber Aufmerksamkeit und Vorsicht erfordert. Zur Mandlscharte (2277 m) muss man sich noch ein wenig plagen, dann kehrt man in die Sonne zurück und erreicht im Abstieg die weite Hochfläche der Pfeis. 2 Std.
Rückkehr zur Nordkettenbahn: Auf dem gleichen Weg. Da die Pfeishütte tiefer liegt, müssen wir für den Rückweg mit einer etwas längeren Zeit rechnen (2½ Std.). Kleine Variante: Beim Gleirschjöchl (2208 m) nach links abzweigen und auf schmalem Weglein zur Mittelstation Seegrube (1905 m, Bergrestaurant).

Varianten

- 9a) Für kleine Gipfelsammler: Auch Gleirschspitze (2317 m) und Mandlspitze (2366 m) liegen am Wege. Unschwierig über steiles Gras und Geröll erreichbar, keine Markierung, nur Pfadspuren. Trittsicherheit erforderlich. Diese Gipfel sind eine große Freude für Kinder, wegen der Abrutschgefahr sichern! Ab 8 Jahren. 1½ Std. länger.
- 9b) Große Rundtour: Hafelekar – Pfeishütte – Arzler Scharte (2158 m) – Arzler Reise – Hungerburg. Unschwierig, aber erhebliche Kniebelastung. Durch die Südlage oft sehr heiß. Ab 10 Jahren. Insgesamt 5½ Std.

Anmerkung:
Pfeishütte (1950 m), ÖAV., Anfang Juni bis Anfang Oktober. 80 Schlafplätze. Anschrift: A-6020 Innsbruck, Tel. 0512/292333.

Auf dem Hermann Buhl Weg (früher Goetheweg). Rückblick zur Bergstation Hafelekar.

Tour 10

Karwendel

Haller Zunterkopf, 1966 m

Ganz schön cool für Jungbergsteiger!

Kindereignung: Ab 8 Jahren
Gehzeit: ↑ 2½ + ↓ 2 = 4½ Std.
Höhenunterschied: Insgesamt etwa 750 m
Talort: Hall in Tirol, 574 m
Auskünfte: Tourismusverband A-6060 Hall in Tirol, Tel. 05223/56269, Fax 56269-20
Landkarte: Mayr WK 20 oder Freytag & Berndt WK 323
Ausgangspunkt: Letzter Parkplatz im Halltal, 1300 m
Anfahrt: Innsbruck – Ausfahrt Hall der Inntal-Autobahn – Mautstelle am Eingang des Halltales (ATS 50,– in Münzen) – Parkplatz vor dem Schranken.

Eine wahrlich abwechslungsreiche Wanderung! Am Beginn das Kirchlein St. Magdalena (daneben ehem. Frauenkloster der „Waldschwestern“, heute Gasthaus), zwei Gipfel – eine „Kletterstelle“ inbegriffen. Die historischen Herrenhäuser mit Bergwerksmuseum und Gastwirtschaft (im Februar 1999 durch Lawinenabgänge schwer beschädigt).

Die Kaisersäule wird häufig von Almvieh belagert.

Aufstieg

Auf einem schönen Waldweg zum spätgotischen Kirchlein St. Magdalena. Kurz zurück, dann steil durch den Wald zum Hochmahdkopf (1738 m). Ganz plötzlich öffnet sich der Ausblick ins Inntal und weit hinaus zu den vergletscherten Gipfeln der Zillertaler und Stubaier Alpen! Auf dem Höhenrücken (eine gut versicherte Kletterstelle, Kinder anseilen!) zum Haller Zunterkopf (1966 m).

Abstieg

Nach etwas Höhenverlust zum Thaurer Zunterkopf (1918 m) und weiter in eine Einsattelung (Törl, 1805 m). Abstieg zu den Herrenhäusern (1482 m) und zurück zum Parkplatz.

Varianten

- 10a) Nur bis zum Hochmahdkopf (1738 m). Steil, aber unschwierig. Ab 4 Jahren. Auf und ab 2½ Std.
- 10b) Abstecher vom Törl zur Kaisersäule (eigentlich eine Pyramide zur Erinnerung an Kaiser Franz I., der hier 1815 die Schauplätze des Befreiungskrieges besichtigte). Ab 9 Jahren. ½ Std. länger.

Hundskopf, 2243 m

Kurzer Klettersteig für Jung-Alpinisten

Kindereignung: Ab 8 Jahren
Gehzeit: ↑ 2¼ + ↓ 1¾ = 4 Std.
Höhenunterschied: 750 m
Talort: Hall in Tirol, 574 m
Auskünfte: Tourismusverband A-6060 Hall in Tirol, Tel. 05223/56269, Fax 56269-20
Landkarte: Mayr WK 23 oder Freytag & Berndt WK 323
Ausgangspunkt: Parkplatz bei der Hinterhornalm, 1522 m
Anfahrt: Innsbruck – Hall – Richtung Nord durch die Stadt Hall nach Absam-Eichat, dann nach rechts nach St. Martin in Gnadenwald. Von hier gut ausgebaute Mautstraße (ATS 60.–) zur Hinterhornalm (1522 m).

Auf dem Felix-Kuen-Steig können sich die jungen Bergsteiger ihre ersten Kletter-Lorbeeren verdienen. Der Klettersteig ist kurz, gut versichert, aber zeitweise ausgesetzt. Kinder anseilen und sichern! Eine Reepschnur mit Handschlaufe reicht hier nicht mehr aus, die bei Erwachsenen übliche Selbstsicherung mit Klettersteigausrüstung ist für Kinder nicht zu empfehlen. Aufmerksamkeit verlangt bereits der Zustieg zum Klettersteig, die Querung der Nordflanke auf einem schmalen und etwas ausgesetzten Steig; ebenso der Abstieg, der leichter, aber eher heikler als der Klettersteig ist.

Aufstieg

Der Steig beginnt unmittelbar gegenüber der Alm (keine Hinweistafel, keine Markierung). Später ist der Steig jedoch gut markiert. Er führt zunächst durch schütteren Wald, dann durch Latschenfelder und Geröll steil zum Grat – eine Markierungsstange ist schon von weit unten sichtbar. Über den Rücken weiter durch Latschen und Schrofen, teilweise mit Zuhilfenahme der Hände. Bei einem großen

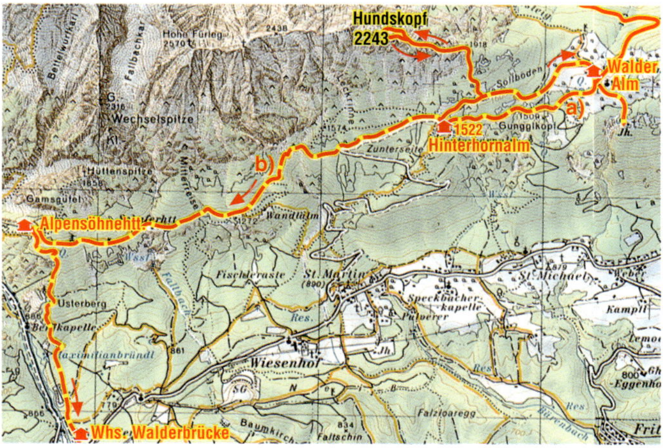

Steinmann scharf nach rechts und leicht abwärts. Nun geht es hoch über dem urtümlichen Vomper Loch querend (Seilversicherungen, nach rechts steil abfallende Wände) um den Hundskopf herum in die Mannl-und-Weibele-Scharte. Jetzt beginnt der eigentliche Felix-Kuen-Steig – Tafel! Über steile Felsstufen – gut versichert mit Drahtseilen, Klampfen und einer Leiter – zum Gipfel.

Abstieg

Über den Ostgrat, den sog. Nordwandsteig. Luftig über den schmalen Grat (sichern!), zuletzt wieder über mit Drahtseilen gesicherte Passagen zurück zur Abzweigung unseres Anstiegsweges in die Nordflanke. Nun auf dem Anstiegsweg zurück zur Hinterhornalm. Hier kann man nicht nur einkehren, sondern auch den Gleitschirmfliegern beim Start zuschauen.

Nebelschwaden beim Anstieg über den Felix-Kuen-Steig.

Varianten

- 11a) Zur Walder Alm und vorbei am Gungglkopf zurück. Ab 3 Jahren. 1½ Std.
- 11b) Über die Alpensöhnehütte (1365 m) zum Gasthaus Walderbrücke (768 m). Abstieg mit kleinen Gegensteigungen, wenig anstrengend, abwechslungsreich. Ab 5 Jahren. 3 Std.

St. Georgenberg – eindrucksvoll auf einem Felsen erbaut (Tour 12).

In der Wolfsklamm (Tour 12).

St. Georgenberg, 898 m

Eindrucksvoller Umweg ins Mittelalter

Kindereignung: Ab 5 Jahren
Gehzeit: ↑ 1¼ + ↓ 2¼ = 3½ Std.
Höhenunterschied: 350 m
Talort: Stans, 563 m
Auskünfte: Tourismusverband A-6135 Stans, Tel. 05242/63579, Fax 63579-85
Landkarte: Mayr WK 23 oder Freytag & Berndt WK 323
Ausgangspunkt: Parkplatz am Eingang zur Wolfsklamm
Anfahrt: Innsbruck – Ausfahrt Schwaz der Inntal-Autobahn – Stans. Busverbindung (Linie 4111) mit Schwaz. Parkplatz (gebührenpflichtig) am Eingang zur Wolfsklamm. Von der Bushaltestelle 10 Minuten.

Diese Wanderung hat mehrere Höhepunkte:
- ◆ die eindrucksvolle Schlucht des Stallenbachs: die Wolfsklamm
- ◆ die großartige Wallfahrtskirche St. Georgenberg
- ◆ das Schloss Tratzberg mit ungewöhnlich gut erhaltener Einrichtung.

Kleinkinder sollten beim Aufstieg durch die Schlucht angeseilt werden (Reepschnur mit Handschlaufe). Im Schloss gibt es gleichzeitig mit den Führungen für Erwachsene auch spezielle Kinderführungen (von April bis Oktober zwischen 10 und 16 Uhr). Eine Attraktion für die Kinder ist auch der Tratz-Express, ein Bummelzug mit lustig bemalten Wägelchen, der das Schloss mit dem großen Parkplatz im Talboden verbindet.

Aufstieg

Kurz nach dem Parkplatz in Stans wird am Eingang zur Schlucht eine bescheidene Eintrittsgebühr eingehoben. Auf einem bequemen Waldweg wandert man talein, biegt bei einem überdachten Rastplatz nach rechts ab und steigt auf einem schmalen Steig unter den steilen Fels-

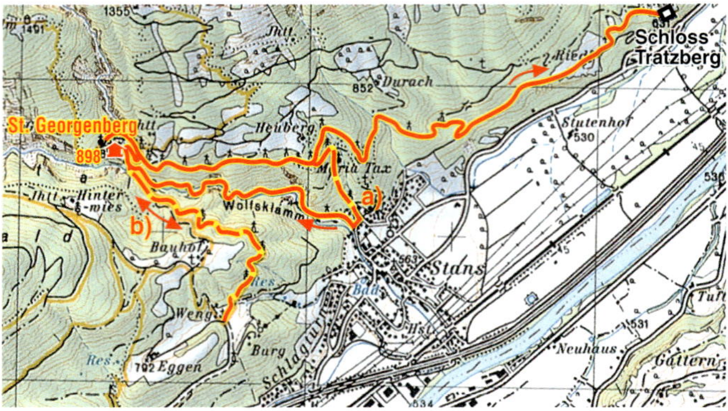

wänden – zum großen Vergnügen der Kinder – über steile Treppen und luftige Holzbrücken durch die Klamm auf. Nach der Klamm führt ein breiter Weg zur Wallfahrtskirche.

Abstieg

Wir folgen dem Kreuzweg in Richtung Maria Tax. Noch vor der Wallfahrtskapelle zweigt man nach links ab, überquert zweimal ein Bachtälchen und erreicht schließlich das mächtige Schloss Tratzberg, das um 1500 etwa 150 m über dem Inntal erbaut wurde. Kaiser Maximilian I., ein leidenschaftlicher Jäger, benützte es als Jagdschloss. Es gibt nur wenige Schlösser mit einer so gut erhaltenen Inneneinrichtung wie Schloss Tratzberg. Kinder wird vor allem die Rüstkammer mit einer großen Sammlung von Rüstungen und Waffen interessieren. Nach dem Besuch des Schlosses zu Fuß oder mit dem Bummelzug in den Talboden. Mit dem Bus (Linie 4111) zurück nach Stans.

Varianten

- 12a) Abstieg von St. Georgenberg über Maria Tax nach Stans. Ab 4 Jahren, allerdings teilweise ziemlich steil. Insgesamt 2 Std.
- 12b) Auf- und Abstieg von Weng (bis hierher mit PKW) auf einem Fahrsträßchen von (Stift) Fiecht aus. Ab 2 Jahren (ev. Kraxen-Einschübe). ↑¾ + ↓½ = 1¼ Std.

Stanser Joch, 2102 m

Kurzer Aufstieg – großartiger Aussichtspunkt

Kindereignung: Ab 8 Jahren
Gehzeit: ↑ 2½ + ↓ 2 = 4½ Std.
Höhenunterschied: 750 m
Talort: Pertisau, 952 m
Auskünfte: Tourismusverband A-6213 Pertisau, Tel. 05243/5521, Fax 5939
Landkarte: Mayr WK 30 oder Freytag & Berndt WK 323
Ausgangspunkt: Parkplatz der Karwendelbahn in Pertisau
Anfahrt: Innsbruck – Ausfahrt Achensee der Inntal-Autobahn – Maurach – Pertisau. Oder interessanter für Kinder mit öffentlichen Verkehrsmitteln: Von Jenbach mit der Dampfzahnradbahn zur Bahn- und Schiffstation Seespitz. Mit dem Schiff nach Pertisau. Zur Talstation der Seilbahn, einer Gruppenumlaufbahn, 10 Min.

Aufstieg

Von der Bergstation (hier und während des ganzen Wandertages prachtvoller Blick zum Achensee und auf seine Bergumrahmung) in einigem Auf und Ab zur Bärenbadalm (1457 m, Jausenstation). Nun weiter auf einem schmalen Weglein durch den Wald (an zwei Stellen felsig, Seilversicherungen) zum Weißenbachsattel (1693 m). Das Gipfelkreuz auf dem Stanser Joch steht nun nahe vor bzw. hoch

Abblick vom Stanser Joch zur Bergstation der Karwendelbahn und zum Achensee.

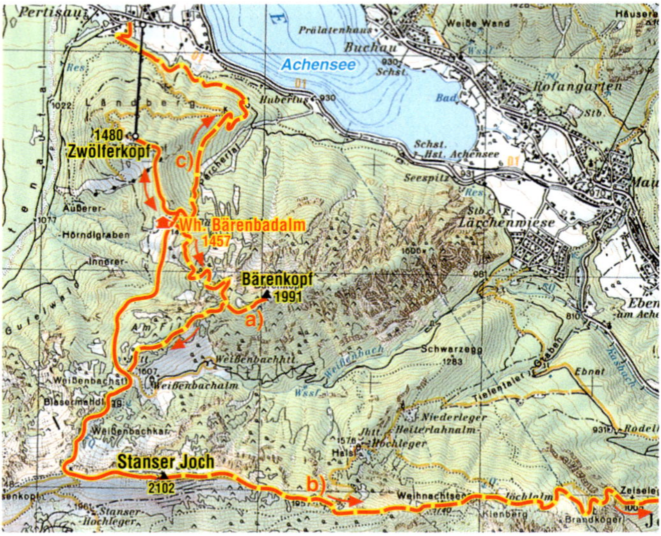

Das Stanser Joch ist der höchste Punkt in einem lang gezogenen Bergrücken, der das Inntal um knapp 1600 m überragt und von hier aus gut sichtbar ist (auffallende Lawinenverbauungen). Die Gondelbahn zum Zwölferkopf (1480 m) verkürzt den Aufstieg auf eine kindgemäße Länge. Der Weg ist nie schwierig oder gar gefährlich, aber stets anregend. Jüngere Kinder stellenweise sichern (Reepschnur mit Handschlaufe).

über uns. Das Weglein führt nicht geradewegs zum Gipfel, sondern hält sich am rechten (westlichen) Rand des Weißenbachkares und führt steil hinauf in eine Senke mit dem bezeichnenden Namen Am Übergang (2103 m). Hier hat man großartige Einblicke ins Karwendelgebirge und eine herrliche Sicht zu den Hohen Tauern, Zillertaler und Stubaier Alpen. Über den fast ebenen Höhenrücken, teilweise über karstähnliche, zerfurchte Kalkplatten zum Gipfel mit dem mächtigen Kreuz.

Abstieg: Auf dem Anstiegswege.

Varianten

- 13a) Von der Bergstation Zwölferkopf zur Bärenbadalm und auf den Bärenkopf (1991 m, herrlicher Blick über den Achensee hinweg ins Achental). Abstieg zum Weißenbachsattel und auf der Westseite des Bärenkopfes zurück zur Bergstation. Ab 5 Jahren. Insgesamt 3¼ Std.
- 13b) Abstieg über das Weihnachtsegg (1740 m) nach Jenbach. Langer Abstieg, aussichtsreich. Ab 10 Jahren. Insgesamt 6 Std. Besonders empfehlenswert, wenn man mit öffentlichen Verkehrsmitteln anreist.
- 13c) Von der Bergstation Zwölferkopf über die Skipiste zur Bärenbadalm und Abstieg auf dem Wanderweg nach Pertisau. Ab 3 Jahren. 1 Std.

Das mächtige Gipfelkreuz auf dem Stanser Joch. (Tour 13)

Auf dem Rauen Kopf oberhalb der Anichhütte (Tour 14).

Peter-Anich-Hütte, 1910 m

Einkehr- und Spielmöglichkeiten

Kindereignung: Ab 3 Jahren (ev. Kraxen-Einschübe)
Gehzeit: ↑ 1½ + ↓ 1 = 2½ Std.
Höhenunterschied: 500 m
Talort: Rietz, 665 m
Auskünfte: Tourismusverband A-6421 Rietz, Tel. 05262/62900, Fax 646609
Landkarte: Mayr WK 19 oder Freytag & Berndt WK 241
Ausgangspunkt: Parkplatz bei einem Sägewerk (etwa 800 m) bzw. Parkplatz Grüne Bank (1440 m
Anfahrt: Innsbruck – Abfahrt Telfs West der Inntal-Autobahn – Rietz – Parkplatz beim Sägewerk. Ab hier Fahrverbot, ausgenommen Berechtigte (Anrainer, Einheimische, Gäste mit Gästekarte). Zu Fuß in 2 Std. oder als Berechtigter mit dem PKW zum Parkplatz Grüne Bank. Oder: Mit der Bahn nach Rietz, zum Parkplatz zu Fuß 2½ Std. von der Bahnstation.

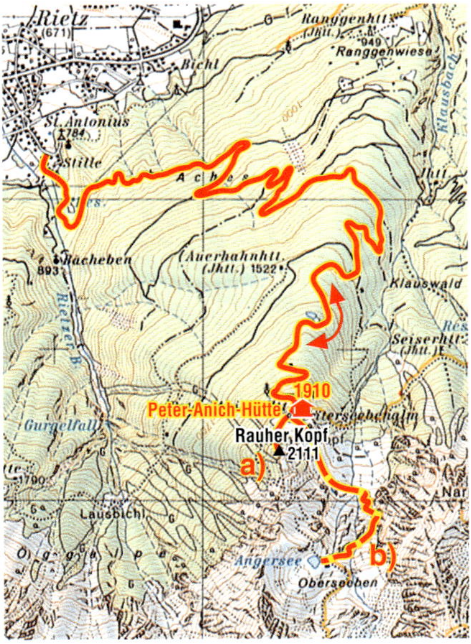

Vom Parkplatz Grüne Bank eine kurze Wanderung, die sich auch für „Kraxenkinder“ mit Laufpausen eignet. Rund um die Hütte ungemein schöne und verhältnismäßig gefahrlose Spielplätze. Vom unteren Parkplatz (beim Sägewerk) ziemlich lang und auch etwas langweilig.

Auf dem Rauen Kopf oberhalb der Anichhütte. Unten im Inntal Telfs, darüber Hohe Munde.

Aufstieg

Auf gut markiertem Weg ohne Orientierungsprobleme und Schwierigkeiten zur Hütte.

Abstieg

Wie Aufstieg.

Varianten

- 14a) Wer auch einen Gipfel „mitnehmen“ möchte, ersteigt den Rauen Kopf (2111 m). Deutliche Wegspuren, unschwierig. Großes Gipfelkreuz, herrliche Fernsicht, vor allem eindrucksvoller Abblick ins Inntal. Ab 4 Jahren. ½ Std. von der Hütte.
- 14b) Etwas weiter ist es bis zum malerischen Angersee (etwa 2220 m). Hier weiden zahlreiche Pferde (Haflinger). Gleichfalls schöne Spielplätze. Ab 5 Jahren. 1½ Std. von der Hütte zum See und wieder zurück.

Anmerkung:

Peter-Anich-Hütte, ÖAV (1910 m), geöffnet von Juni bis Oktober, Tel. 0664/2108222.

Umhausens Attraktionen

Naturschauspiel und Ausflug in die Steinzeit

Kindereignung: Ab 4 Jahren
Gehzeit: ↑ 1½ + ↓ 1 = 2½ Std.
Höhenunterschied: 450 m
Talort: Umhausen, 1031 m
Auskünfte: Tourismusverband A-6441 Umhausen, Tel. 05255/5209, Fax 5488-5
Landkarte: Mayr WK 10 oder Freytag & Berndt WK 252
Ausgangspunkt: Parkplatz für Besucher des Stuibenfalls und des Ötzidorfes (gebührenpflichtig) am Beginn der Bergstraße nach Niederthai
Anfahrt: Innsbruck – Abfahrt Ötztal der Inntal-Autobahn – Umhausen, Richtung Niederthai bis zum Parkplatz. Oder: Bus (Linie 4194) und 10 Min. zu Fuß.

Der Horlachbach stürzt im Stuibenfall in mächtigen Kaskaden 100 m in die Tiefe. Die Wanderung ist kurz und unschwierig, doch führt das Weglein neben dem Bach teilweise über nasse, glitschige Holzstufen. Kinder werden von den stäubenden Wassermassen abgelenkt, daher doppelte Vorsicht! Jüngere Kinder anseilen (Reepschnur mit Handschlaufe). Mit größeren Kindern kann man einen Gipfel mit dem lustigen Namen Narrenkogel ersteigen und den Stuibenfall im Abstieg bewundern. In beiden Fällen wird man zuletzt das gerade auch für Kinder hochinteressante „Ötzidorf" besuchen.

Aufstieg

Auf gut markiertem Weglein erreicht man die Jausenstation Stuiböbele. Weiter auf dem Waldweg talein, wobei man den Wasserfall früher hört, als man ihn sieht. Neben dem Fall steigt man auf, wobei man auf kleinen, durch Geländer gesicherten Aussichtsterrassen immer wieder stehen

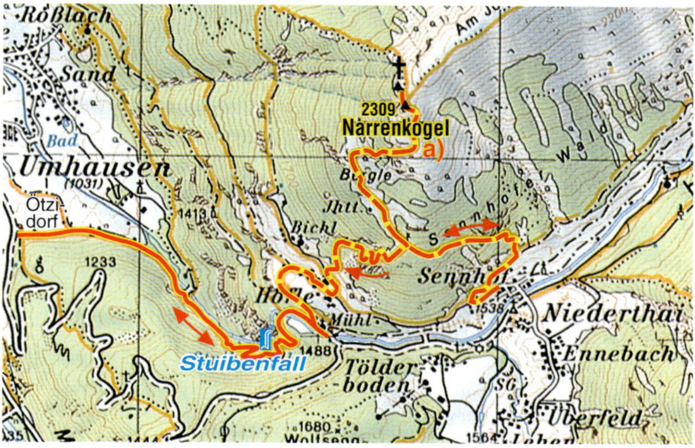

bleibt, um die tosenden Wassermassen zu bewundern. Die oberste der drei Stufen des Stuibenfalls ist besonders eindrucksvoll.
Oberhalb des Falls durch den Wald zu einem Fahrsträßchen, über das man in wenigen Minuten den Gasthof Stuibenfall erreicht. Der Gasthof sorgt für Kinder mit einer Sandkiste, einem Kletterfelsen und einer großen Truhe mit Spielsachen.

Abstieg

Wie Aufstieg. Als letzte Attraktion an diesem aufregenden Wandertag sollte man das „Ötzidorf" besuchen, einen archäologischen Freiluftpark unterhalb des Wasserfalls, der das Leben der Steinzeitmenschen veranschaulicht.

Varianten

15a) Gipfelhungrige Jungbergsteiger steigen von Niederthai (Ortsteil Sennhof) zum Narrenkogel (2309 m) auf. Steiler Waldweg zum Bergle (aufgelassene Alm), dann über freie Hänge zum Gipfelkreuz. Abstieg auf dem Anstiegsweg oder über den Weiler Höfle auf schönem Waldweg. In beiden Fällen zum Gasthof Stuibenfall und neben dem Wasserfall hinunter. Ab 10 Jahren. Insgesamt 5 Std., über Höfle 5½ Std.

Im „Ötzidorf“ bei Umhausen kann man spielerisch die Geschichte der Jungsteinzeit kennen lernen. Ein Abenteuer für die ganze Familie, z. B. bei einem Schnupperkurs „Feuermachen wie der Ötzi“ (Tour 15). (Foto: Klocker/Gufler)

Blick zum Zwölferkogel beim Abstieg von der Issalm zur Talstraße (rechts). Familienausflug zum Wörgetalsee (links; Tour 16).

Wörgetalsee, 1987 m

Der Weg ist das Ziel ...

Kindereignung: Ab 6 Jahren
Gehzeit: Insgesamt 4 Std.
Höhenunterschied: Etwa 450 m
Talort: Kühtai, 2017 m
Auskünfte: Tourismusverband A-6183 Kühtai, Tel. 05239/5222, Fax 5255
Landkarte: Mayr WK 19 oder Freytag & Berndt WK 252
Ausgangspunkt: Parkplatz bei der Staumauer des Speichers Längental (1900 m) oder (etwas länger) Dortmunder Hütte (1949 m)
Anfahrt: Innsbruck – Ausfahrt Sellrain der Inntal-Autobahn – Sellrain – Kühtai. Die Schutzhütte liegt etwas westlich der Passhöhe neben der Fahrstraße, der Parkplatz beim Speicher Längental 1 km weiter in Richtung Ötztal. Oder: Mit dem Bus (Linie 4196) nach Kühtai.

Die Wanderung ist nicht von der Aussicht, aber vom Weg her ungemein abwechslungsreich. Im ersten Teil ein unschwieriges und nicht ausgesetztes Weglein, das aber Trittsicherheit erfordert – ungefährlich, für Kinder aber spannend. Jüngere oder weniger geübte Kinder eventuell an einigen Stellen sichern (Reepschnur mit Handschlaufe).
Im zweiten Teil ein bequemer Wanderweg. Für ältere Kinder, die sich bereits als „Berg-Profis" fühlen, empfiehlt sich der Umweg über den Schafzoll (Elisabeth, 10 Jahre, vom Aufstieg zum Gipfel beeindruckt: „Weglos ist toll!").

Rundwanderung:
Vom Parkplatz beim Speicher Längental über die Staumauer und auf markiertem Weglein zur privaten Mittergrathütte (1956 m). Hoch über der Fahrstraße quert man nun die Flanke des Schafzoll in einigem Auf und Ab, wobei vor al-

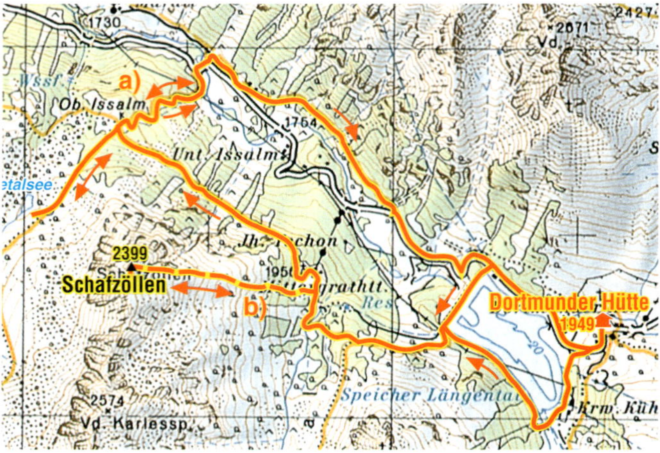

lem Kletterfelsen in unterschiedlicher Größe für Verzögerungen sorgen. Bei der Oberen Issalm (1929 m, verfallen) zweigen wir nach links ab und erreichen über ein Weglein, zuletzt auf Pfadspuren, den kleinen Wörgetalsee mit seinem herrlichen Spielgelände. Vom See kehrt man zur Oberen Iss Alm zurück, steigt dann auf einem Weglein in Kehren durch den Wald zur Fahrstraße hinunter, die man bei einer Brücke erreicht (Alte Klause, 1720 m). Wir queren auf die andere Talseite und kehren über den Kaiser-Franz-Josef-Weg bzw. teilweise neben der Fahrstraße zum Parkplatz oder zur Dortmunder Hütte zurück.

Varianten

- 16a) Von der Alten Klause (1720 m) zum Wörgetalsee und zurück. Ab 3 Jahren. Insgesamt 1½ Std.
- 16b) Für „Gipfelhungrige“: Von der Mittergrathütte auf den Schafzoll (Doppelgipfel, 2399 und 2426 m) und zurück. Unschwierig, aber weglos. Ab 10 Jahren. Auf- und Abstieg zusätzlich etwa 2 Std., insgesamt 6 Std.

Anmerkung:

Dortmunder Hütte DAV (1948 m), im Sommer bewirtschaftet von Anfang Juni bis Ende Oktober, 75 Schlafplätze, Tel. 05239/5202.

Die Mute, 2398 m

Toller Mini-Gipfel für Mini-Bergsteiger

Kindereignung: Ab 4 Jahren
Gehzeit: ↑ 1½ + ↓ 1 = 2½ Std.
Höhenunterschied: 450 m
Talort: Kühtai, 2017 m
Auskünfte: Tourismusverband A-6183 Kühtai, Tel. 05239/5222, Fax 5255
Landkarte: Mayr WK 19 oder Freytag & Berndt WK 252
Ausgangspunkt: Talstation Sessellift Drei Seen, 1950 m
Anfahrt: Innsbruck – Ausfahrt Sellrain der Inntal-Autobahn – Sellrain – Kühtai. Die Talstation liegt westlich der Passhöhe links unterhalb der Fahrstraße. Kühtai ist auch mit dem Bus (Linie 4196) erreichbar.

Aufstieg

In der oder neben der Trasse eines Schlepplifts zu dessen Bergstation. Man holt etwas nach rechts aus, quert unterhalb der felsdurchsetzten Flanke und steigt in einem Bogen zum Gipfel auf.

Im Aufstieg zum Gaiskogel.

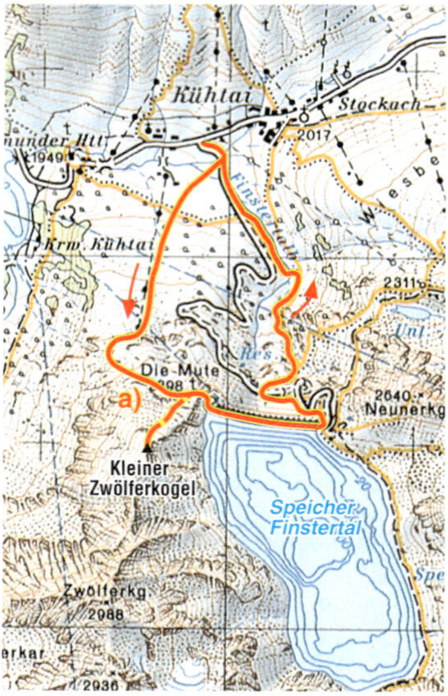

Idealer Gipfel für den Beginn einer Bergsteigerlaufbahn: Der Anstieg ist kurz, weglos, führt zuletzt über Felsen zum Gipfel mit tollem Abblick zum Speicher Finstertal. Da kann man sich schon als richtigen Bergsteiger betrachten und die Gipfelrast mit entsprechenden Hochgefühlen genießen. Jüngere Kinder sichern (Reepschnur mit Handschlaufe).

Abstieg

Wir überschreiten den Gipfel und steigen zum Speicher Finstertal ab. Der Abstieg ist steil und verlangt Vorsicht, wenn man mit Kleinkindern unterwegs ist. Das Überqueren der Staumauer kostet Zeit, weil Steine in den Stausee geworfen werden müssen. Kurz auf einer Fahrstraße der TIWAG, dann auf einem Weglein, zuletzt quer über die (etwas feuchte) Wiese zurück zum Parkplatz bei der Sesselbahn.

Varianten

● 17a) Kleiner Zwölferkogel, 2575 m. Unschwierig, aber weglos und steil. Kinder sichern. Ab 6 Jahren. 1 Std. länger, insgesamt 3½ Std.

Im Anstieg zur Mute, einem geeigneten Gipfel für Kleinkinder.

Gaißkogel, 2820 m

Für Kleinkinder eine „richtige Klettertour"

Kindereignung: Ab 5 Jahren
Gehzeit: ↑ 1¾ + ↓ 1¼ = 3 Std.
Höhenunterschied: 500 m
Talort: Kühtai, 2017 m
Auskünfte: Tourismusverband A-6183 Kühtai, Tel. 05239/5222, Fax 5255
Landkarte: Mayr WK 19 oder Freytag & Berndt WK 252
Ausgangspunkt: Bergstation Sesselbahn Drei Seen, 2390 m
Anfahrt: Innsbruck – Ausfahrt Sellrain der Inntal-Autobahn – Sellrain – Kühtai. Die Talstation liegt etwas westlich der Passhöhe links unterhalb der Fahrstraße. Kühtai ist auch mit dem Bus (Linie 4196) erreichbar.

Der Gaißkogel hat Kindern viel zu bieten. Da gibt es nicht nur einen Gratanstieg über Blockwerk, der Kindern den Eindruck einer richtigen Kletterei vermittelt, sondern auch zwei Bergseen, die (hoffentlich erst auf dem Abstieg, sonst ist der Gipfelsieg gefährdet) zu herrlichen Spielen verlocken. Für trittsichere Erwachsene ist der Gaißkogel kein Problem, Kinder sollten jedoch nicht nur auf dem Grat, sondern auch auf dem steilen Geröllweglein beim Abstieg von der Scharte zum Plenderlessee gesichert werden (dafür genügt bergerfahrenen Eltern eine Reepschnur mit Handschlaufe).

Aufstieg

Von der Bergstation mit etwas Höhenverlust in die Mulde und an einem malerischen Bergsee (Oberer Plenderlessee, 2344 m) vorbei. Weiter bis zum Talschluss, dann anstrengend und mühsam durch die steile Schutthalde in die Gaißkogelscharte (2658 m). Nach einem Aufstieg über einen grasigen felsdurchsetzten Hang in lustiger Kletterei über die Blöcke des Südgrates zum Gipfel.

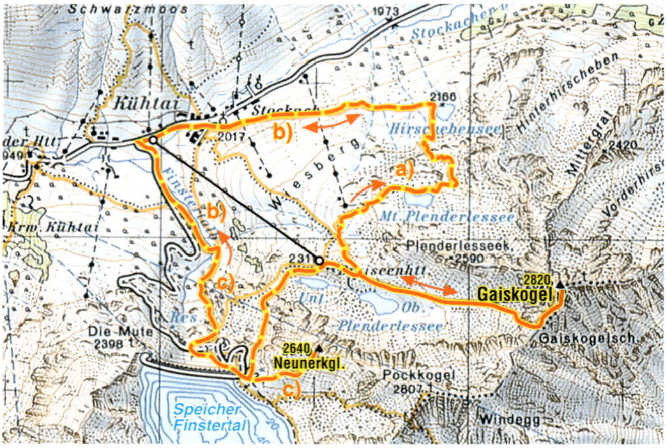

Abstieg

Wie Aufstieg.

Varianten

- 18a) Abstieg zunächst wie Aufstieg, kurz nach dem Plenderlessee jedoch nach rechts abzweigen. In einem weiten Bogen, vorbei an zwei weiteren Seen (Mittlerer Plenderlessee und Hirschebensee), zuletzt die breite Flanke des Wiesberges querend, zurück zur Talstation. Ab 6 Jahren. 1½ Std. länger, insgesamt 4½ Std.

- 18b) Fünf-Seen-Rundwanderung. Kühtai – Hirschebensee – Mittlerer Plenderlessee – Oberer Plenderlessee – Unterer Plenderlessee – Finstertaler Stausee – Kühtai. Ab 4 Jahren. 3 Std.

- 18c) Neunerkogel, 2640 m. Von der Bergstation des Sessellifts hinunter zum Unteren Plenderlessee und auf markiertem Weg zum Speicher Finstertal queren. Von der Staumauer ebenfalls markiert, aber nur Wegspuren und teilweise etwas ausgesetzt zum Gipfel. Abstieg auf dem Anstiegswege zur Staumauer, auf dem Fußweg zur Talstation der Sesselbahn. Ab 6 Jahren. Insgesamt 3 Std.

Grießkogelscharte, 2585 m

Klettervarianten sind möglich …

Kindereignung: Ab 6 Jahren
Gehzeit: ↑ 2 + ↓ 1½ = 3½ Std.
Höhenunterschied: 600 m
Talort: Kühtai, 2017 m
Auskünfte: Tourismusverband A-6183 Kühtai, Tel. 05239/5222, Fax 5255
Landkarte: Mayr WK 19 oder Freytag & Berndt WK 252
Ausgangspunkt: Parkplatz beim Sessellift Hochalter (kein Sommerbetrieb, 2017 m). Hierher auch mit dem Bus (Linie 4196) von Innsbruck.
Anfahrt: Innsbruck – Ausfahrt Sellrain der Inntal-Autobahn – Sellraintal bis Kühtai, nach rechts zum erwähnten Parkplatz.

Die Grießkogelscharte ist ein reizvolles Ziel für bergerfahrene Eltern, die ihren Kindern auf einem im oberen Teil weglosen Anstieg ursprüngliche Natur zeigen wollen. Das Erlebnis lässt sich noch steigern, wenn die erwachsenen Begleiter die leichte Kletterei auf den Vorderen und Hinteren Grießkogel beherrschen und die Kinder entsprechend sichern können. Hierbei genügt die Reepschnur mit Handschlaufe nicht!

Auf dem Weg zur Grießkogelscharte.

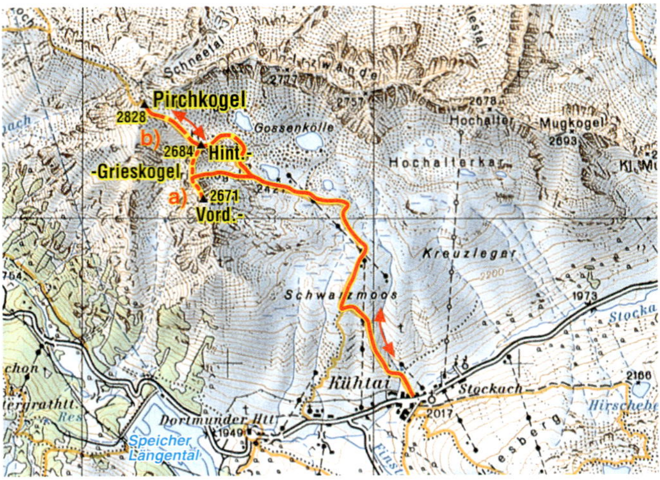

Aufstieg:

Auf dem markierten Weg zum Pirchkogel (mit vielen anderen Bergfreunden) über eine erste Steilstufe zu den Stockacher Böden und weiter zu einer etwas höher gelegenen Mulde. Bei einem Seelein (2427 m) verlassen wir den Weg und steigen einsam über felsdurchsetzte Grashänge in die Einsattelung zwischen Hinterem Grießkogel (2684 m) und Vorderem Grießkogel (2671 m) auf.

Abstieg:

Wie Aufstieg.

Varianten

● 19a) Aus der Scharte auf den Hinteren und (etwas schwieriger) auf den Vorderen Grießkogel (2684 und 2671 m). Blockkletterei im I. Schwierigkeitsgrad. Ab 7 Jahren. Beide Gipfel zusammen 1 Std. länger, insgesamt 4½ Std.

● 19b) Pirchkogel, 2828 m. Markierter Weg. Ab 8 Jahren. 5 Std.

● **leicht** ● **mittel** ● **schwer**

Münsterhöhe, 2508 m

Logenplatz gegenüber dem Lisenser Fernerkogel

Kindereignung: Ab 9 Jahren
Gehzeit: ↑ 3¼ + ↓ 2¼ = 5½ Std.
Höhenunterschied: 900 m
Talort: Gries im Sellrain, 1187 m
Auskünfte: Tourismusverband A-6182 Gries im Sellrain, Tel. 05236/224, Fax 505
Landkarte: Mayr WK 19 oder Freytag & Berndt WK 241
Ausgangspunkt: Alpengasthof Lüsens, 1634 m
Anfahrt: Innsbruck – Ausfahrt Sellrain der Inntal-Autobahn – Gries im Sellrain. Mitten im Ort nach links abzweigen und auf gut ausgebauter Bergstraße nach Lüsens. Großer Parkplatz (gebührenpflichtig).
Mit Bus (Linie 4166) leider nur bis Praxmar.

Von Anfang an beeindruckt der Lisenser Fernerkogel, ein mächtiger Gipfel mit einem Hauch von Westalpen. Der Weg ist unschwierig, erfordert aber Trittsicherheit und Aufmerksamkeit. Schöne Spielmöglichkeiten auf dem Gipfel und beim Abstieg.

Gipfelkreuz auf der Münsterhöhe.

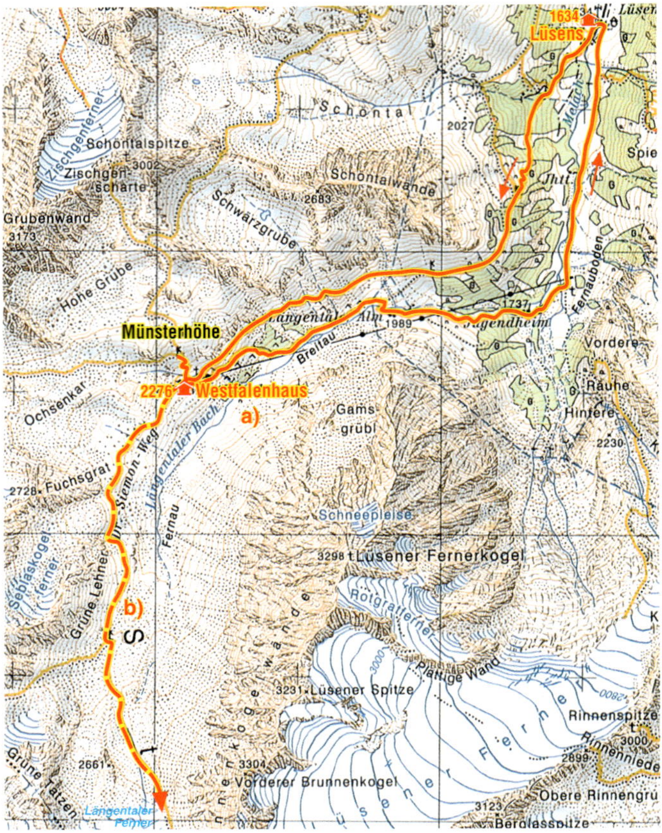

Aufstieg

Von Lüsens (auch Lisens) kurz talein, dann nach rechts abzweigen. Hoch über dem Längentaler Bach um die Schöntalwände herum zum Westfalenhaus. Auf Weglein weiter zur Münsterhöhe (2508 m, Kreuz und Ruhebank).

Abstieg

Zurück zur Hütte, steiler Abstieg in den Talboden und hinaus zur Längentaler Alm (1989 m); weiter durchs Tal, zuletzt zum Fernerboden hinunter. Auf einem Fahrweg (für den öffentlichen Verkehr gesperrt) zurück nach Lüsens.

Kraxenkind beim Abstieg.

Varianten

- 20a) Nur bis zum Westfalenhaus. Ab 6 Jahren. Insgesamt 4¼ Std.

- 20b) Zum Längentaler Ferner. Über die Moräne zum Talschluss und weiter bis zur Gletscherzunge. Unschwierig, im letzten Teil mitunter nur Pfadspuren und Steinmänner. Ab 10 Jahren. Hin und zurück ab Hütte 3 Std.

Anmerkung:

Westfalenhaus, DAV (2276 m), Sommerbewirtschaftung Mitte Juni bis Ende September, 65 Schlafplätze, Tel. 05236/267.

Im Aufstieg zum Westfalenhaus. Erster Schnee auf dem Seblaskogel.

Potsdamer Hütte, 2009 m

Geeignetes Ziel für erste Wanderversuche

Kindereignung: Ab 4 Jahren
Gehzeit: ↑ 2 + ↓ 1½ = 3½ Std.
Höhenunterschied: 550 m
Talort: Sellrain, 908 m
Auskünfte: Tourismusverband A-6181 Sellrain, Tel. 05230/244, Fax 244
Landkarte: Mayr WK 19 oder Freytag & Berndt WK 241
Ausgangspunkt: Gasthof Bergheim im Fotscher Tal, 1464 m
Anfahrt: Innsbruck – Ausfahrt Sellrain der Inntal-Autobahn – Sellrain. Nach links abzweigen und auf einer Bergstraße zum Alpengasthof Bergheim. Unterhalb des Gasthofs großer Parkplatz.

Gemütliche Wanderung für die ersten Gehversuche, auch für „Kraxenkinder mit Gehpausen" geeignet. Schöne und verhältnismäßig gefahrlose Spielmöglichkeiten rund um die Hütte.

Potsdamer Hütte, geeignetes Ziel auch für Kraxenkinder.

Aufstieg

Bequem für den Träger eines „Kraxenkindes": auf dem für den Verkehr gesperrten Fahrweg den Fotscher Bach entlang talein bis zu einer Brücke, hier über den Bach und nach rechts ausholend oder schnurgerade und steil zur Hütte. Für „Gehkinder" ist es interessanter, den Gottwaldweg zu benützen, der nach etwa 40 Gehminuten nach rechts abzweigt (Hinweisschild).

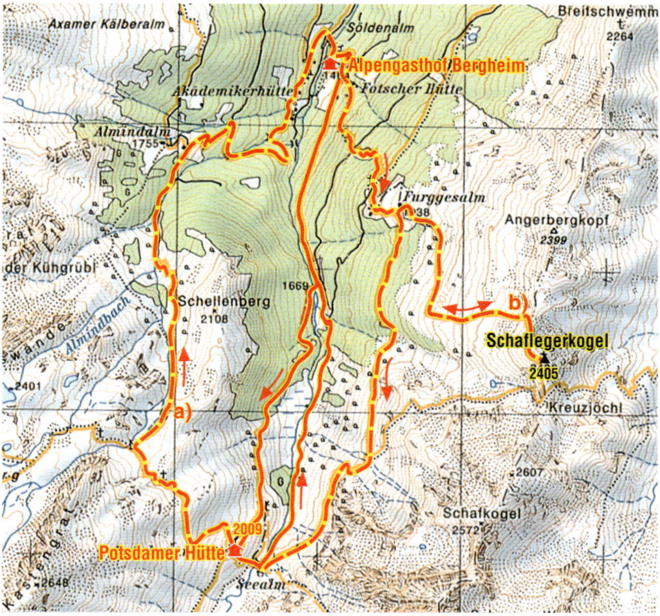

Abstieg

Wie Aufstieg. Wer über den Gottwaldweg aufgestiegen ist, wählt den Fahrweg für den Abstieg.

Varianten

- 21a) Abstieg über die Almindalm nach einem halbstündigen Aufstieg. Am höchsten Punkt Abzweigung ins „Seenplateau" möglich. Herrliche Spielplätze! Ab 6 Jahren. Insgesamt 4½ Std.
- 21b) Aufstieg über Furggesalm zum Schafleger (2405 m) und Abstieg zur Potsdamer Hütte und gemeinsam mit den Kleinen in der Familie zurück zum Bergheim. Ab 10 Jahren. Insgesamt 6 Std.

Anmerkung:

Potsdamer Hütte, DAV (2009 m), Sommerbewirtschaftung von Mitte Juni bis Anfang Oktober, 50 Schlafplätze, Tel. 05238/2060.

Salfeins, 2000 m

Grillfest mit Panoramablick

Kindereignung: Ab 4 Jahren
Gehzeit: ↑ 1½ + ↓ 1 = 2½ Std.
Höhenunterschied: 500 m
Talort: Grinzens, 928 m
Auskünfte: Tourismusverband A-6094 Grinzens, Tel. 05234/68387, Fax 67930
Landkarte: Mayr WK 22 oder Freytag & Berndt WK 241
Ausgangspunkt: Brücke über den Sendersbach (Wegtafel), 4 km von der Abzweigung oberhalb von Grinzens
Anfahrt: Innsbruck – Ausfahrt Sellrain der Inntal-Autobahn – Kematen – Richtung Axams – Grinzens. Auf einem Fahrweg (die geringe Maut ist im Tourismusbüro Grinzens oder auf der Kemater Alm zu entrichten) zur Abzweigung unseres Wanderweges (Schild „Salfeins“).

Ein schönerer Platz zum Spielen und Grillen als der weitläufige Gipfel von Salfeins ist nicht vorstellbar! Sogar ein winziges Seelein ist vorhanden (nach einem heißen Sommer allerdings mitunter ausgetrocknet) und willkommener Vordergrund für ein Bild der eindrucksvollen Kalkkögel, der etwas brüchigen „Nordtiroler Dolomiten“. Der Aufstieg führt im unteren Teil durch den Wald, im oberen Teil über Almwiesen. Gut geeignet auch für „Kraxenkinder mit Laufpausen“.

Salfeins – Gipfel mit See! Dazu herrlicher Blick zu den Kalkkögeln.

Aufstieg
Über die Brücke und durch Wald zur Salfeinsalm (1738 m). Die Alm liegt bereits an der Waldgrenze. Weiter über das weitläufige Almgelände zum Gipfel, den man zuletzt von links her erreicht.

Abstieg
Wie Aufstieg.

Varianten

● 22a) Abstieg nach Grinzens. Langer Abstieg auf einem schönen Waldweg. Ab 6 Jahren. Insgesamt 3½ Std.

● 22b) Abwechslungsreiche Kammwanderung und Abstieg zur Kemater Alm (1673 m). Weglos. Ab 10 Jahren in Begleitung bergerfahrener Eltern. Insgesamt 5½ Std.

● leicht
● mittel
● schwer

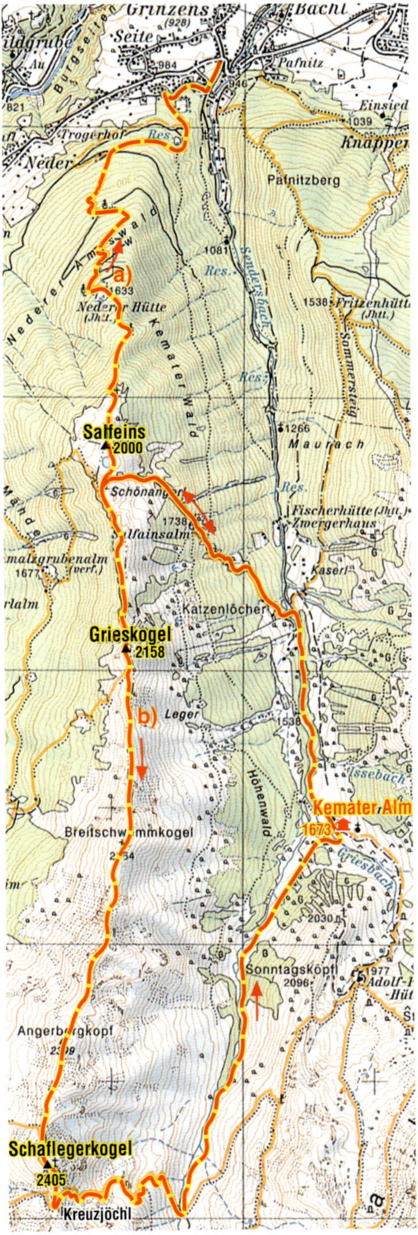

Adolf-Pichler-Hütte, 1977 m

Am Fuße der „Nordtiroler Dolomiten"

Kindereignung: Ab 3 Jahren
Gehzeit: ↑ 1 + ↓ ¾ = 1¾ Std.
Höhenunterschied: 300 m
Talort: Grinzens, 928 m
Auskünfte: Tourismusverband A-6094 Grinzens, Tel. 05234/68387, Fax 67930
Landkarte: Mayr WK 22 oder Freytag & Berndt WK 241
Ausgangspunkt: Kemater Alm, 1673 m
Anfahrt: Innsbruck – Ausfahrt Sellrain der Inntal-Autobahn – Kematen – Richtung Axams – Grinzens. Auf einem Fahrweg (die Maut im Tourismusbüro in Grinzens oder im Gasthaus Kemater Alm entrichten) zur Kemater Alm (Parkplatz liegt etwas unterhalb des Gasthofs).

Den breiten Fahrweg „packen" auch Gehanfänger locker, zumal wenn man ihnen genügend Spielpausen im Abenteuergelände gestattet.

Aufstieg
Auf dem breiten Weg stets in der Nähe des Griesbaches zur Hütte. Natürlich eignet sich die Wanderung auch für „Kraxenkinder mit Laufpausen".

Abstieg: Wie Aufstieg.

Varianten
- 23a) Sonntagsköpfl, 2096 m. Von der Hütte zu einer vorgeschobenen Kuppe mit Denkmal (2030 m). Über den Rücken zum Sonntagsköpfl und in einem Bogen zurück zur Hütte. Ab 4 Jahren. Insgesamt 2½ Std.
- 23b) Abstieg durchs Senderstal zur Kemater Alm. Vom Sonntagsköpfl weiter Richtung Süd über den Rücken, bis

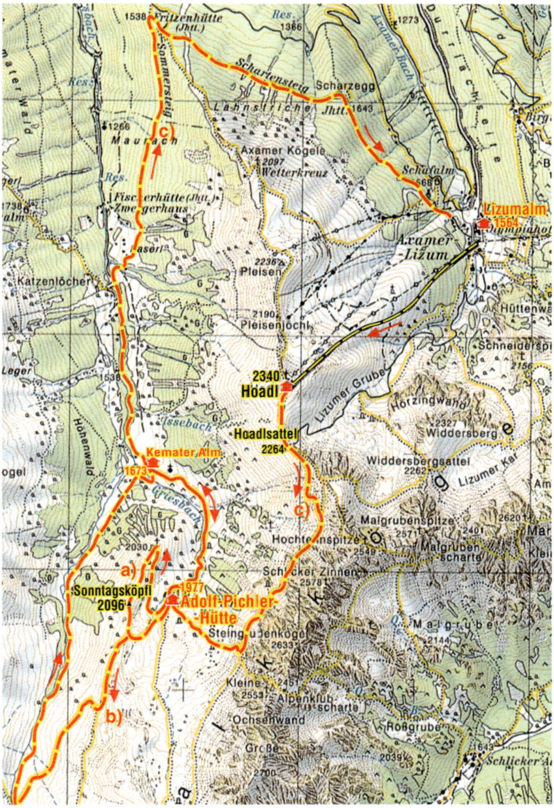

nach rechts ein Weg in den Talboden abzweigt. Entlang des Sendersbaches zur Kemater Alm. Ab 5 Jahren. Insgesamt 3 Std.

- 23c) Originelle Rundwanderung: Axamer Lizum – Bergstation der Hoadlbahn – Hoadlsattel – Adolf-Pichler-Hütte – Kemater Alm – Fritzenhütte (Jagdhütte) – Schartensteig – Axamer Lizum. Unschwierig. Ab 8 Jahren. Insgesamt 4 Std.

Anmerkung:

Adolf-Pichler-Hütte (1977 m) des Akademischen Alpenklubs Innsbruck, bewirtschaftet von Mitte Juni bis Anfang Oktober, 75 Schlafplätze, Tel. 05238/3194.

Bei der Adolf-Pichler-Hütte im Senderstal.

Schafe auf dem Gipfel der Saile/Nockspitze (Tour 24)

Saile, 2404 m

Streicheltiere auf dem Gipfel!

Kindereignung: Ab 5 Jahren
Gehzeit: ↑ 1¾ + ↓ 1¾ = 3½ Std.
Höhenunterschied: ↑ 400, ↓ 850 m
Talort: Axams, 874 m
Auskünfte: Tourismusverband A-6094 Axams, Tel. 05234/32384
Landkarte: Mayr WK 20 oder Freytag & Berndt WK 241
Ausgangspunkt: Axamer Lizum (1564 m) bzw. Bergstation Birgitzköpfl (2035 m)
Anfahrt: Innsbruck – Ausfahrt Sellrain der Inntal-Autobahn – Kematen – Axams (hierher auch von Innsbruck über Völs und Götzens) – Axamer Lizum. Busverbindung mit Innsbruck (Linie 4162). Mit dem Sessellift Birgitzköpfl zur Bergstation.

Saile heißt unser Gipfel auf der Landkarte. Die Fulpmer meinen dasselbe, sagen aber Soale. Für die Innsbrucker ist es die Nockspitze. Ein schöner Gipfel ist es allemal! Vorteil: Die Wanderung beginnt im interessanten Alpingelände, auf einem Weglein, das Kleinkinder an vielen Stellen als „tolle Kletterei" empfinden. Das gilt noch mehr für den etwas ausgesetzten Übergang vom Hauptgipfel zur vorgeschobenen Kuppe mit dem vom Tal aus sichtbaren Kreuz. Dennoch ist unsere Wanderung unschwierig. Und die zusätzliche Attraktion der „Streicheltiere" auf dem Gipfel? Das sind die zahlreichen Schafe. Sie bevölkern den weitläufigen Gipfel. Besonders die Jungtiere erwecken Begeisterung bei unseren Kleinen.

Aufstieg

Von der Bergstation quert man mit geringem Höhengewinn und schönem Blick in die Kalkkögel, bis ein Weg nach links zur Nockspitze abzweigt (Hinweisschild). Über

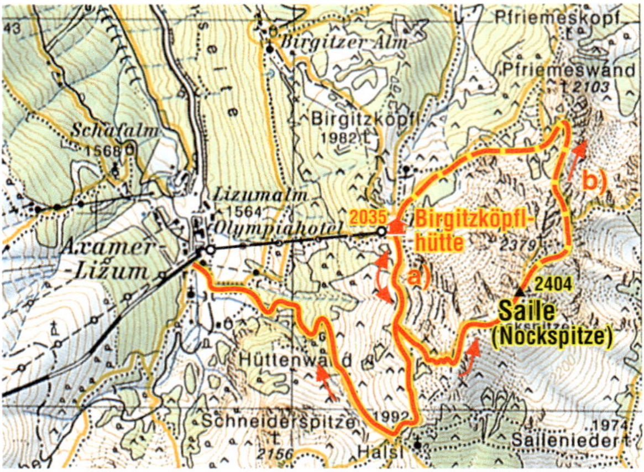

schönes Almgelände erreicht man den Gipfel mit dem großen Kreuz. Prachtvolle Aussicht – in der Nähe (Karwendel, Abblick ins Inntal und auf Innsbruck) und in die Ferne (mächtige Gletschergipfel der Zillertaler und Stubaier Alpen). Auf einem gegen das Inntal vorgeschobenen Zacken (2379 m) steht ein zweites großes Kreuz. Der Übergang ist leicht, aber etwas ausgesetzt.

Abstieg

Auf dem Anstiegsweg zurück bis zur erwähnten Abzweigung. Hier nach links und zum Halsl (1992 m) queren, einer Einsattelung zwischen Nockspitze und Ampferstein. Ein Weglein führt, teilweise etwas steil, durch den Wald zum Parkplatz.

Varianten

- 24a) Trägt man ein „Kraxenkind“ auf dem Rücken, empfiehlt sich die Rückkehr zum Birgitzköpfl, denn der Abstieg vom Halsl belastet die Kniegelenke ganz gehörig. Abstieg 1 Std.
- 24b) Überschreitung. Vom Gipfel Richtung Nord (Hinweisschild „Mutterer Alm“) abzweigen, nahe der Pfriemeswand nach links einbiegen und zurück zum Birgitzköpfl. Schwieriger als die „Originalroute“, doch kaum länger. Ab 6 Jahren.

Hochtennspitze, 2549 m

Erste Sporen im Fels für kleine Kraxler

Kindereignung: Ab 4 Jahren
Gehzeit: ↑ 1 + ↓ ¾ = 1¾ Std.
Höhenunterschied: 350 m
Talort: Axams, 874 m
Auskünfte: Tourismusverband A-6094 Axams, Tel. 05234/32384
Landkarte: Mayr WK 20 oder Freytag & Berndt WK 241
Ausgangspunkt: Axamer Lizum (1564 m) bzw. Bergstation Hoadl (2340 m)
Anfahrt: Innsbruck – Ausfahrt Sellrain der Inntal-Autobahn – Kematen – Axams (hierher auch von Innsbruck über Völs und Götzens) – Axamer Lizum. Busverbindung mit Innsbruck (Linie 4162). Mit der „Olympiabahn" zur Bergstation.

Mit Rückkehr zum Hoadl kurze, aber spannende Bergwanderung für Winzlinge. Ein unschwieriges gerölliges Weglein führt durch steiles Gelände zu einem ansehnlichen Gipfel mit entsprechenden Attributen (Kreuz, Gipfelbuch). Natürlich müssen Kleinkinder von ihren Eltern gesichert werden (Reepschnur mit Handschlaufe). Für ältere Kinder gibt es vom Ausgangspunkt „Bergstation Hoadlbahn" lange und schwierige Varianten.

Am Beginn der Bergwanderung zur Hochtennspitze.

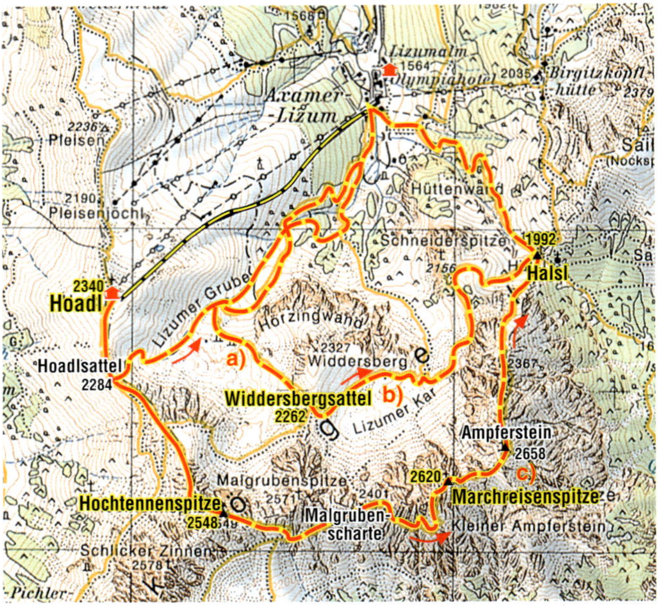

Aufstieg

Von der Bergstation über den breiten Rücken (Beginn der Damen-Abfahrtsstrecke) hinunter in den Hoadlsattel (2264 m). Über den Rücken, zuletzt in der Flanke zum Gipfelkreuz der Hochtennspitze. Markiert, aber gelegentlich nur Wegspuren.

Abstieg

Wie Aufstieg.

Varianten

- ● 25a) Zurück bis zum Hoadlsattel, dann durch die Lizumer Grube zurück zur Talstation. Ab 5 Jahren. 1¼ Std. länger.
- ● 25b) Über Widdersbergsattel (2262 m) und Halsl (1992 m) zur Talstation. Ab 6 Jahren. 2 Std. länger.
- ● 25c) Malgrubenscharte (2401 m) – Marchreisenspitze (2620 m) – Ampferstein (2556 m) – Halsl – Axamer Lizum. Ab 10 Jahren. Lang und schwierig (Klettersteige). Kinder müssen gesichert werden. Insgesamt 5½ Std.

Hoher Burgstall, 2611 m

Attraktionen in der Schlick!

Kindereignung: Ab 8 Jahren
Gehzeit: ↑ 2 + ↓ 2 = 4 Std.
Höhenunterschied: 550 m
Talort: Fulpmes, 937 m
Auskünfte: Tourismusverband A-6166 Fulpmes, Tel. 05225/62235, Fax 63843
Landkarte: Mayr WK 18 oder Freytag & Berndt WK 241
Ausgangspunkt: Bergstation Kreuzjoch der Seilbahn
Anfahrt: Innsbruck – Ausfahrt Stubaital der Brenner-Autobahn – Fulpmes. Hierher auch mit Stubaitalbahn (Schmalspurbahn) oder Bus (Linie 8360). Weiter zur Talstation der Seilbahn „Schlick 2000". Parkplätze, Tiefgarage (gebührenpflichtig). Gondelbahn zur Bergstation Kreuzjoch (2133 m).

Aufstieg

Von der Bergstation Kreuzjoch quert man in einigem Auf und Ab zum Sennjoch (2190 m). Wenig später verzweigt sich der Weg. Wir halten uns rechts und erreichen kurz nach dem Niederen Burgstall (2436 m) einen Rücken. Ehrensache, dass sich ein Jungalpinist auch den Niederen nicht entgehen lässt (hin und zurück ¼ Std.). Bei einer neuerlichen Wegverzweigung wählen wir die etwas schwierigere rechte Variante.

Unsere Rundwanderung führt auf den Niederen und den Hohen Burgstall – und das auf anregenden Wegen. Keine besonderen Schwierigkeiten, doch (zur Freude der Kinder) einige „Kletterstellen", die mit Seilen und Eisenstiften gesichert sind. Daneben gibt es auch einfachere Wanderungen und einen „Alpin-Erlebnispark". Kinder-Klettergarten, Klettersteig, kurze Übungsklettersteige u.a.m. – zu benützen mit bergerfahrenen Eltern oder nach Anmeldung in der Bergsteigerschule Rettenbacher, (Fulpmes, Tel. 05225/63490).

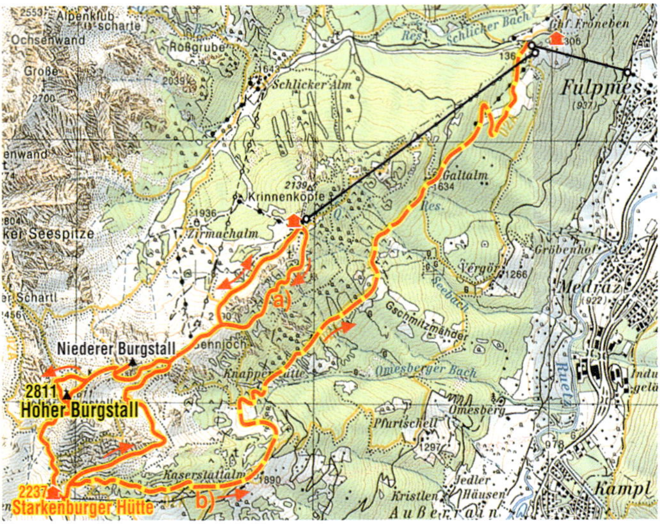

Erst über einen schotterigen Hang, dann steil durch eine Rinne zum Gipfel, den man zuletzt etwas von rechts her erreicht (2611 m, großes Gipfelkreuz).

Abstieg

Auf dem Anstiegsweg kurz über den Gratrücken, dann in zahlreichen kleinen Kehren über die Südwestflanke

Am Gipfelaufbau des Hohen Burgstall. Abblick zur Schlicker Alm. Gegenüber Malgrubenspitze, Marchreisenspitze und Ampferstein.

zur Starkenburger Hütte, DAV (2237 m). Nach der Einkehr (herrliche Sonnenterrasse mit Blick in die zentralen Stubaier Alpen!) in einem Bogen um den Hohen Burgstall und (nach einem kurzen Gegenanstieg) zur erwähnten Abzweigung. Ab hier auf dem bereits bekannten Weg über das Sennjoch zurück zur Bergstation Kreuzjoch.

Varianten

- 26a) Panoramaweg zum Sennjoch, auf der Nordseite zurück. Ab 3 Jahren. 1½ Std.
- 26b) Statt Rückkehr zur Seilbahn almenreicher Abstieg zur Mittelstation Froneben. Unschwierig, aber belastend für die Kniegelenke! Ab 7 Jahren. 4 Std.

Anmerkung:

Starkenburger Hütte, DAV (2237 m), bewirtschaftet wird sie von Anfang Juni bis Anfang Oktober, 56 Schlafplätze, Tel. 05226/2867.

Auf spielerische Weise lernen Kinder in der Fulpmer Bergsteigerschule Rettenbacher von qualifizierten Fachkräften das 1x1 des Bergwanderns und des Verhaltens im Fels. (Foto: Schi- und Bergsteigerschule Fulpmes-Stubai-Wipptal)

Franz-Senn-Hütte, 2149 m

Auch für Kinder ein großartiges Wandergebiet

Kindereignung: Ab 4 Jahren
Gehzeit: ↑ 1½ + ↓ 1 = 2½ Std.
Höhenunterschied: 450 m
Talort: Neustift im Stubaital, 993 m
Auskünfte: Tourismusverband A-6167 Neustift, Tel. 05226/2228, Fax 2529
Landkarte: Mayr WK 18 oder Freytag & Berndt WK 241
Ausgangspunkt: Oberisshütte, 1742 m
Anfahrt: Innsbruck – Ausfahrt Stubaital der Brenner-Autobahn – Neustift – Milders. Durch das Oberbergtal zur Oberisshütte (Jausenstation). Parkplatz (ATS 50). Oder: Mit dem Bus (Linie 8360) nach Neustift, wegen Taxibus beim Tourismusverband erkundigen.

Die Sennhütte ist nach Pfarrer Franz Senn benannt, einem verdienstvollen Gründungsmitglied des Alpenvereins. Varianten und andere „kindertaugliche" Ziele ev. nach einer Nächtigung. Internetnutzer informiert die hervorragende Homepage: www.franz-senn-huette.at (auch als CD-ROM).

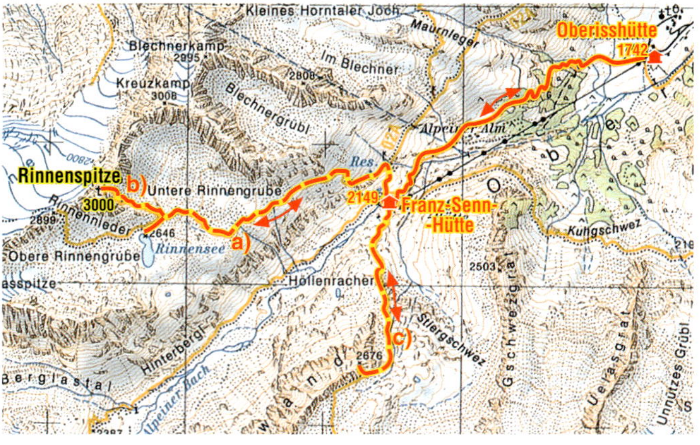

Franz-Senn-Hütte vom Aufstieg zum Rinnensee.

Aufstieg

Vom Parkplatz auf gut markiertem Weg kurz talein, dann nach rechts in vielen Kehren über einen steilen Hang. Anschließend gemütlich queren und – an einem eindrucksvollen Wasserfall vorbei – zur Hütte.

Abstieg

Wie Aufstieg. Oder: Auf einer etwas sumpfigen Wiese Markierungen folgend nach rechts zu einer Almhütte und auf dem „Winterweg" ins Tal. Deutlich schwieriger (glatte Platten)!

Varianten

- 27a) Zum Rinnensee (2646 m). Markierter Bergpfad. Ab 9 Jahren. Insgesamt 5 Std.
- 27b) Rinnenspitze (3000 m). Ab 10 Jahren, nach Nächtigung. Von der Hütte hin und zurück 5 Std.
- 27c) Vordere Sommerwand (2678 m). Markierter Bergweg. Ab 10 Jahren. Insgesamt 5 Std.

Anmerkung:

Franz-Senn-Hütte, ÖAV (2149 m), Sommerbewirtschaftung Mitte Juni bis Anfang Oktober, 260 Schlafplätze, Tel. 05226/2218.

Nördlicher Elferturm, 2495 m

Nur geschickte Kraxler kommen zur Spitze!

Kindereignung: Ab 7 Jahren
Gehzeit: ↑ 2 + ↓ 1½ = 3½ Std.
Höhenunterschied: 650 m
Talort: Neustift im Stubaital, 993 m
Auskünfte: Tourismusverband A-6167 Neustift, Tel. 05226/2228, Fax 2529
Landkarte: Mayr WK 18 oder Freytag & Berndt WK 241
Ausgangspunkt: Bergstation des Sessellifts „Elfer", 1794 m
Anfahrt: Innsbruck – Ausfahrt Stubaital der Brenner-Autobahn – Neustift. Bereits am Ortseingang nach links zur Talstation (Hinweisschild) der Elferlifte, 970 m. Oder: Busverbindung von Innsbruck nach Neustift (Linie 8360, zahlreiche Kurse) benützen.

Die Elfergruppe ist eine bizarre Ansammlung von Kalktürmen am Ende des vom Habicht nach Nord ziehenden Kammes, eine Kalkeinsprengung im Urgestein der Stubaier Alpen. Ein Sessellift verkürzt den Zugang, beliebt bei Gleitschirmfliegern und Liebhabern von Klettersteigen. Die „richtigen" Klettersteige im Elfergebiet eignen sich nicht für Kinder, weil der Abstand zwischen Griffen bzw. Tritten zu groß ist und die Steige durch nahezu senkrechtes Gelände führen und damit zu viel Armkraft erfordern. Das gilt nicht für unseren Anstieg, der lediglich auf den letzten Metern schwierig ist. Bis zu dieser Stelle genügt für „Leichtgewichte" eine Reepschnur mit Handschlaufe. Auf die letzten Meter verzichten – oder anseilen und sichern!

Aufstieg

Von der Bergstation auf bequemem Weg mit gutem Höhengewinn zur Elferhütte (2004 m). Hier bereits großartige Aussicht! Weiter geradewegs Richtung Süd über den Rücken zu einer Wegverzweigung. Nach rechts geht es zu einem schwierigen Klettersteig. Wir steigen geradeaus, mit etwas Höhenverlust einmal, über den Gratrücken. Bei einer neuerlichen Wegverzweigung nach rechts und mit gelegentlichen Seilversicherungen bis unter den Gipfel. Die letzten Meter ähneln einem Kamin, sind trotz guter Sicherungen für Kinder anstrengend und erfordern eventuell Seilzug.

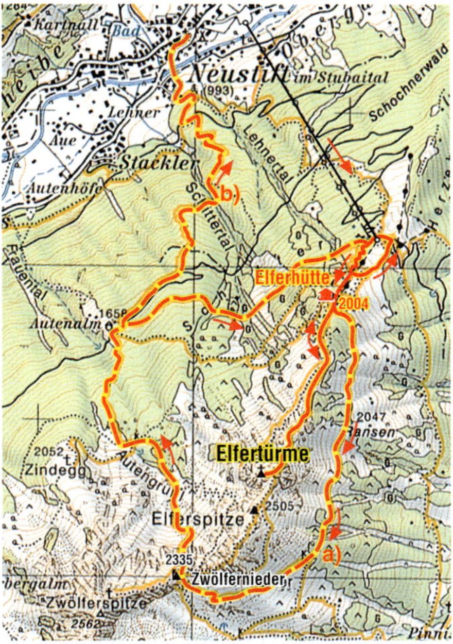

Abstieg

Wie Aufstieg. Bei einer Einkehr in der Elferhütte kann man von der Terrasse aus die Starts der Gleitschirmflieger beobachten, ein interessantes Schauspiel!

Varianten

- 28a) Umrundung der Elfergruppe. Kurz oberhalb der Elferhütte nach links und auf dem Panoramaweg in die Zwölfernieder (2335 m). Steiler Abstieg durch das Autengrübl zur Autenalm. In leichtem Gegenanstieg zurück zur Bergstation. Ab 6 Jahren. 3½ Std.

- 28b) Von der Autenalm Abstieg ins Tal. Unwesentlich länger, unschwierig, aber starke Belastung für die Kniegelenke. Ab 7 Jahren. Insgesamt 3¾ Std.

Kletterstellen werden auch neben dem Weg gesucht und gefunden. Abblick ins Stubaital (Tour 28).

Gipfelkreuz auf dem Trögler. Links Wilder Pfaff, rechts Zuckerhütl, darunter der zerrissene Sulzenauferner. Tour 29

Großer Trögler, 2902 m

Beinahe auf Rufweite zum Zuckerhütl

Kindereignung: Ab 10 Jahren
Gehzeit: ↑ 2 + ↓ 3 = 5 Std.
Höhenunterschied: ↑ 600, ↓ 1350 m
Talort: Neustift im Stubaital, 993 m
Auskünfte: Tourismusverband A-6167 Neustift, Tel. 05226/2228, Fax 2529
Landkarte: Mayr WK 18 oder Freytag & Berndt WK 241
Ausgangspunkt: Mittelstation Dresdner Hütte (2308 m) der Stubaier Gletscherbahn
Anfahrt: Innsbruck – Ausfahrt Stubaital der Brenner-Autobahn – Neustift. Auf gut ausgebauter Straße zur Muttergalm, große Parkplätze (1721 m). Busverbindung mit Innsbruck (Linie 8360). Mit Gondelbahn zur Mittelstation.

Unsere Bergwanderung führt zwar nicht über Gletscher, erfordert jedoch Trittsicherheit und Schwindelfreiheit. Ungeübte Kinder anseilen und sichern! Das „richtige“ Hochgebirge ist ein eindrucksvolles Erlebnis – der Blick zu den mächtigen Gipfeln und wilden Fernern. Eine Stunde kürzer und weniger schwierig ist der Übergang über das Peiljoch (2672 m) zur Sulzenauhütte.

Aufstieg

Von der Mittelstation kurz durch den flachen Talboden, dann aber mit gutem Höhengewinn zu einer Wegverzweigung. Nach rechts zum Peiljoch, nach links zum Trögler. Erst querend, dann neuerlich steil zu einer Kuppe (mit Kreuz) und weiter zum Gipfelkreuz. Prachtvolle Aussicht!

Abstieg

Über den Nordwestrücken zum Kleinen Trögler (2885 m) und weiter über den Rücken bis zu einer flachen Kuppe. Hier biegt der Weg scharf nach rechts ab und führt steil in

vielen Kehren in den Talboden und zur Sulzenauhütte (2191 m). Von der Hütte in mehreren Querungen, dazwischen Steilstufen, in eine große Ebene. Dem Sulzaubach folgt man bis zum Beginn einer Schlucht. Hier biegt man nach links ein, umrundet einen Rücken und steigt nach einer längeren Querung in den Talboden ab. Über ein Brücklein (1590 m) erreicht man die Fahrstraße (Bushaltestelle).

Varianten

- 29a) Über das Peiljoch (2672 m). Ab 8 Jahren. Diese Variante ist 1 Std. kürzer.
- 29b) Rückkehr vom Großen Trögler zur Dresdner Hütte. Ab 8 Jahren. Hin und zurück 3½ Std.
- 29c) Nach Nächtigung in der Sulzenauhütte: Über das Niederl (2629 m) zur Nürnberger Hütte (2278 m), durch das Langental, zuletzt vorbei an einem Wasserfall zur Bushaltestelle. Ab 10 Jahren. 5 Std.

Anmerkung:

Dresdner Hütte, DAV (2308 m), außer Juni ganzjährig bewirtschaftet, 180 Schlafplätze, Tel. 05226/8112, Fax 8113; Sulzenauhütte, DAV (2191 m), Sommerbewirtschaftung Anfang Juni bis Ende September, 150 Schlafplätze, Tel. 05226/2432.

Tour
30

Stubaier Alpen

Peilspitze, 2393 m

Herrliche Spielplätze nach der Überschreitung

Kindereignung: Ab 8 Jahren
Gehzeit: ↑ 2¾ + ↓ 1¾ = 4½ Std.
Höhenunterschied: 900 m
Talort: Matrei am Brenner, 990 m
Auskünfte: Tourismusverband A-6143 Matrei am Brenner, Tel. 05273/6278, Fax 7126
Landkarte: Mayr WK 18 oder Freytag & Berndt WK 241 (Innsbruck, Stubai, Sellrain, Brenner)
Ausgangspunkt: Beschilderter Parkplatz kurz nach einer scharfen Kehre, 1520 m
Anfahrt: Innsbruck – Ausfahrt Matrei-Steinach der Brenner-Autobahn – Matrei. Mautstraße (ATS 50.–) zum Parkplatz 1,5 km vor Maria Waldrast.

Aufstieg

Etwa 100 m auf der Fahrstraße zurück zur Kehre. Wegtafel „Blaser“ (Zeit mit 1½ Std. sehr knapp angegeben). Durch das Lange Tal zum Talschluss. Auf steilem Weg zu

Auf dem Weg von der Peilspitze zum Kalbenjoch

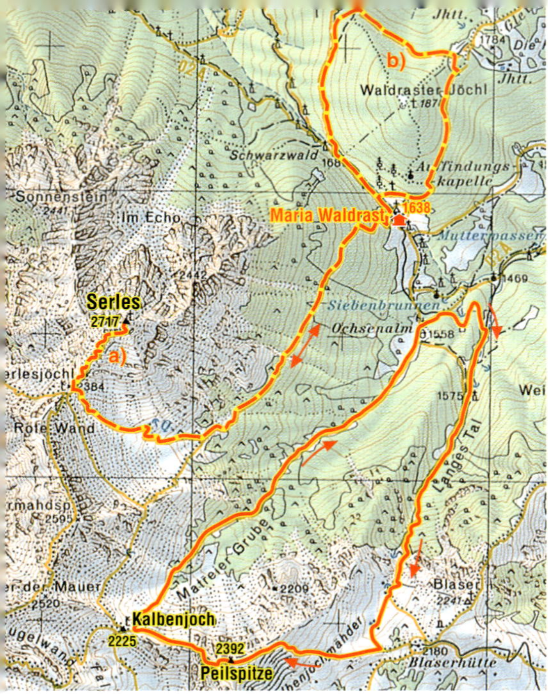

einer weiten Almwiese. Hier verlässt man den bezeichneten Weg und wandert auf Wegspuren durch die Wiese bis zur tiefsten Senke zwischen Blaser (l.) und Peilspitze (r.). Die Blaserhütte liegt oberhalb der Senke und wird nicht be-rührt. Auf gutem Weglein hinauf zu den zwar hässlichen, aber notwendigen Lawinenverbauungen, dann über den Gratrücken unschwierig zum Gipfelzeichen.

Abstieg

Zurück zum Weglein. In der felsigen Südflanke der Peilspitze queren (Seilversicherungen) und unschwierig zum Kalbenjoch (2225 m, auch Trinser Joch) absteigen.
Durch die Matreier Grube in das weite Wiesenbecken um die Ochsenalm (1558 m, Jausenstation). Herrliche Spielplätze! Zum Fahrsträßchen und zurück zum Parkplatz.

Varianten

- 30a) Serles, 2717 m. Ein Innsbrucker Wahrzeichen. Ausgangspunkt Wallfahrtskirche Maria Waldrast. Lang und anstrengend. Ab 10 Jahren. 5½ Std.
- 30b) Waldraster Jöchl, 1878 m. Umrundung auf bequemen Waldwegen. Ausgangspunkt Maria Waldrast. Ab 3 Jahren. 1½ Std.

Blaser, 2241 m

Gemütlicher Weg mit steileren Varianten

Kindereignung: Ab 8 Jahren
Gehzeit: ↑ 3 + ↓ 2 = 5 Std.
Höhenunterschied: 950 m
Talort: Trins, 1235 m
Auskünfte: Tourismusverband A-6150 Steinach am Brenner, Tel. 05272/6270, Fax 2110
Landkarte: Mayr WK 24 oder Freytag & Berndt WK 241
Ausgangspunkt: Ortsteil Leiten, etwa 1300 m
Anfahrt: Innsbruck – Ausfahrt Matrei-Steinach der Brenner-Autobahn – Bundesstraße nach Steinach. Beim Ortseingang Abzweigung nach rechts ins Gschnitztal und nach Trins. Oder: Mit dem Bus (Linie 4146). Steil durch den Ort zum Ortsteil Leiten. Beschränkte Parkmöglichkeit am Beginn einer Forststraße (Fahrverbot). Von der Bushaltestelle 10 Min.

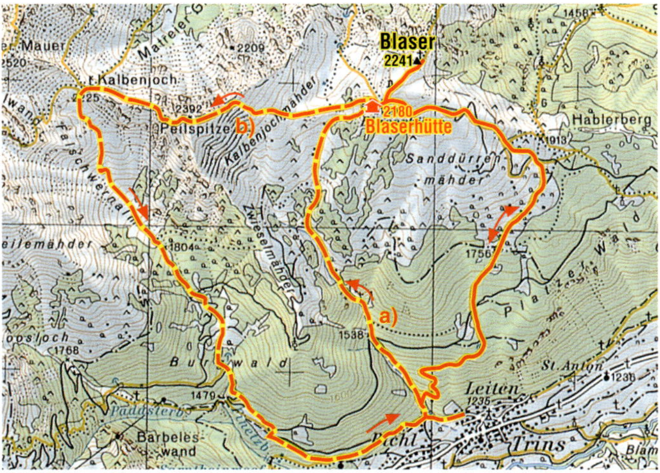

Aufstieg

Auf bequemem Weg durch den Platzerwald, bis man in etwa 1800 m Höhe das freie Almgelände und eine Forststraße erreicht. Weiter gemütlich (Abkürzungen möglich)

Der Blaser ist eine vorgeschobene Kuppe über dem Wipptal mit prachtvoller Aussicht, aber dem Namen entsprechend windig bei Föhn. Insbesondere im Juni ein wahres Blumenparadies! Der Aufstieg ist unschwierig und auf dem weitläufigen Gelände rund um die Blaserhütte gibt es prächtige Spielmöglichkeiten.

zur Blaserhütte (2180 m, Jausenstation). Auf einem Weglein in einer Viertelstunde zum Gipfel.

Abstieg: Wie Aufstieg.

Varianten

- 31a) Geradewegs im steilen Bachtälchen bis in die Almregion und zur Blaserhütte. Abstieg über die bequemere Forststraße. Ab 9 Jahren. 4¾ Std.
- 31b) Von der Blaserhütte über die Peilspitze (2393 m, auffällige Lawinenverbauungen) zum Kalbenjoch und durch den Burgwald zurück zum Ausgangspunkt. Deutlich schwieriger, teilweise ausgesetzt, Trittsicherheit und Ausdauer erforderlich. Ab 10 Jahren. Insgesamt 6½ Std.

Auf dem Blaser. Blick zum Gschnitzer und Pflerscher Tribulaun, davor die Garklerin.

Leitnerberg, 2309 m

Schönster Weg zum malerischen Lichtsee

Kindereignung: Ab 6 Jahren
Gehzeit: Insgesamt 4 Std.
Höhenunterschied: 250 m
Talort: Steinach am Brenner, 1049 m
Auskünfte: Tourismusverband A-6150 Steinach am Brenner, Tel. 05272/6270, Fax 2110
Landkarte: Mayr WK 24 oder Freytag & Berndt WK 241
Ausgangspunkt: Nösslachjochhütte, 2020 m (Bergstation des Sessellifts)
Anfahrt: Innsbruck – Ausfahrt Matrei-Steinach der Brenner-Autobahn. Auf der Bundesstraße nach Steinach. Hierher auch mit dem Bus (Linie 4143). Im Ort Abzweigung zum Liftgebiet Berger Alm. Parkplätze bei der Talstation. Mit einer Gondelbahn zur Berger Alm (1550 m), mit einem Sessellift weiter zur Nösslachjochhütte (2020 m). Ohne Sessellift 1½ Std. länger.

Unsere Wanderung ist unschwierig und trotz ihrer Länge nicht besonders anstrengend. Sie führt gipfel- und aussichtsreich über einen Bergrücken. Beeindruckend der Panoramablick – Olperer und Nachbarn im Osten, Tribulaune und Habicht im Westen, weiter entfernt Dolomiten und Sarntaler Alpen im Süden und das Karwendel im Norden. Höhepunkt für Kinder ist der malerische Lichtsee, ein herrlicher Spielplatz, bei dem eine ausgiebige Rast fällig ist. – Um ½ Std. kürzer und noch weniger Anstiegsmühe: Vom Eggerjoch nicht über den Leitnerberg, sondern in der Flanke auf dem Lichtseeweg zum Seelein.

Aufstieg

Von der Bergstation geradewegs hinauf zum bereits sichtbaren großen Gipfelkreuz auf dem Nösslachjoch. Das Kreuz wurde an diesem Punkt errichtet, damit es vom Tal aus gut gesehen werden kann. Der „richtige“ Gipfel (2237 m) liegt etwas weiter südlich und wird wenige Minuten später erreicht. Weiter über Eggerberg (2280 m) und Egger- joch (2132 m) auf den höchsten Gipfel dieses Tages, den Leitnerberg (2309 m). Kürzere Variante: Vom Eggerjoch nicht zum Leitnerberg aufsteigen, sondern den Lichtseeweg in der Südostflanke benützen.

Abstieg

Vom Leitnerberg über eine wenig ausgeprägte Erhebung im Gratrücken in eine Einsattelung (Leitnerjoch, 2153 m) und in wenigen Minuten zum Lichtsee (2101 m) hinunter. Nach entsprechender Spielpause weiter nach Obernberg zum Gasthof Spörr (1394 m). Unmittelbar daneben Bushaltestelle (Linie 4143).

Vom Eggerjoch aus: Olperer, Fußstein und Schrammacher.

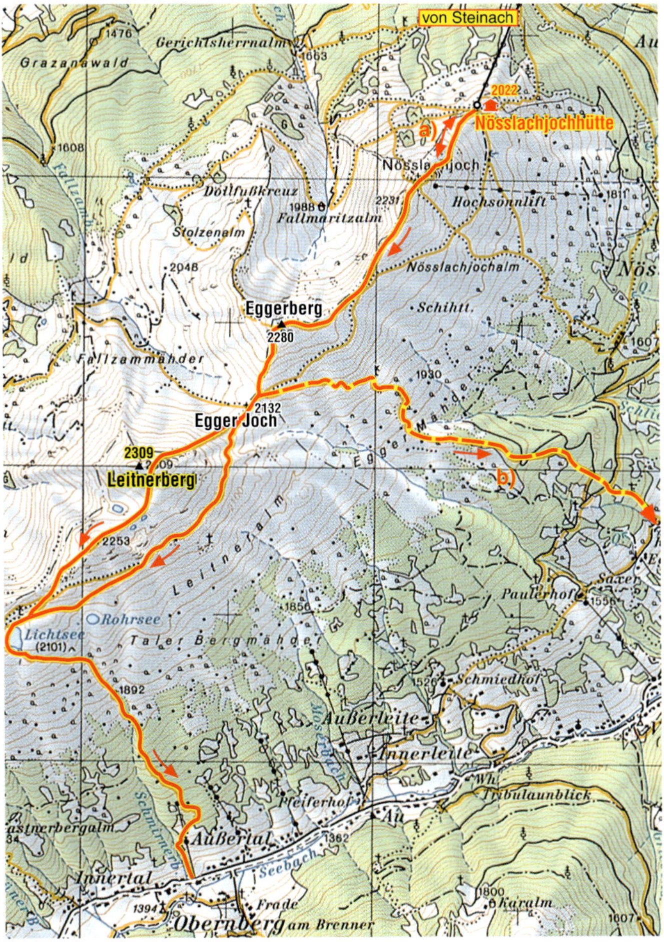

Varianten

- 32a) Nösslachjoch, 2231 m. Unschwierig. Ab 3 Jahren. Auf- und Abstieg 1¼ Std.
- 32b) Eggerberg, 2280 m. Über die Gratverbindung vom Nösslachjoch. Abstieg über Eggerjoch und Eggermähder zum prachtvollen Kirchlein St. Jakob (1303 m) und nach Gries am Brenner (1164 m). Unschwierig. Ab 5 Jahren. Insgesamt 3¾ Std.

Obernberger See, 1594 m

„Naturspielplatz" der Sonderklasse

Kindereignung: Ab 3 Jahren (ev. Kraxen-Einschübe)
Gehzeit: Insgesamt 2 Std.
Höhenunterschied: 200 m
Talort: Obernberg am Brenner, 1394 m
Auskünfte: Tourismusverband A-6156 Obernberg am Brenner, Tel. 05274/87532, Fax 87462
Landkarte: Mayr WK 24 oder Freytag & Berndt WK 241
Ausgangspunkt: Gasthof Waldesruh, 1439 m
Anfahrt: Innsbruck – Ausfahrt Matrei-Steinach der Brenner-Autobahn – Gries am Brenner – Obernberg am Brenner – Gasthof Waldesruh. Busverbindung (Linie 4145). Parkplatz (gebührenpflichtig).

Großartige Spielmöglichkeiten rund um den See: Kletterfelsen, Wiesen und Wald. An dieser Wanderung haben auch größere Kinder Spaß. Für sie gibt es mit der Allerleigrubenspitze eine alpinere Variante.

Steine in den See werfen, das macht Spaß!

Aufstieg

Auf gesperrter Fahrstraße oder auf dem Wiesenweg über Unterreins-und Oberreinsalm zum See, den man beim Gasthof Obernber-

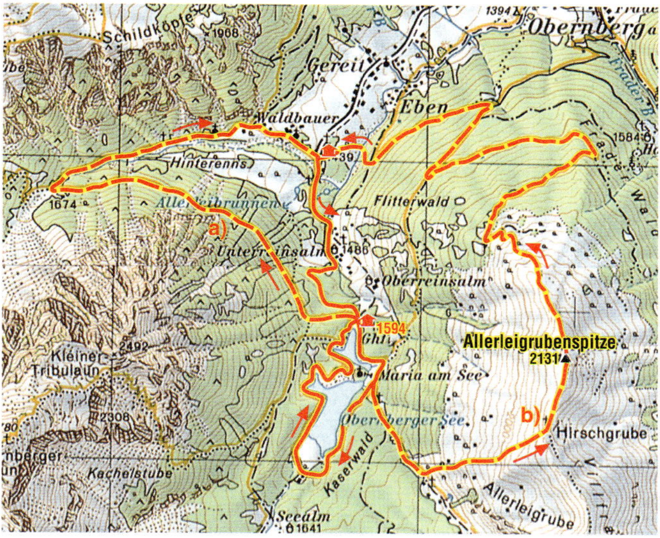

ger See (1594 m) erreicht. Am Ostufer auf einem Fahrweg, am Westufer auf einem Steiglein umwandert man den See (Kirchlein Maria am See an der engsten Stelle).

Abstieg

Auf dem Fahrsträßchen oder dem Wiesenweg über die Oberreinsalm.

Varianten

- 33a) Über den Seesteig nach Hinterenns, entlang dem Hinterennsbach zum Gasthof Waldesruh. Ab 5 Jahren. Insgesamt 3 Std.
- 33b) Allerleigrubenspitze (2131 m). In Richtung Sandjöchl bis zur Waldgrenze. Weglos, aber unschwierig und ungefährlich, über die Westflanke zum Bergrücken, der vom Hohen Lorenzen Richtung Nord zieht. Über den Rücken zum Gipfel. Prächtige Aussicht vor allem in die Zillertaler Alpen. Abstieg auf einem Weglein, dann auf einer Forststraße durch den Wald zum Gasthof Waldesruh. Ab 8 Jahren. Insgesamt 4¼ Std.

Padauner Kogel, 2066 m

Überschreitung mit Wildbeobachtung

Kindereignung: Ab 6 Jahren
Gehzeit: ↑ 1½ + ↓ 1½ = 3 Std.
Höhenunterschied: 550 m
Talort: St. Jodok, 1129 m
Auskünfte: Tourismusverband A-6154 St. Jodok am Brenner, Tel. 05279/5204, Fax 5204
Landkarte: Mayr WK 24 oder Freytag & Berndt WK 241
Ausgangspunkt: Gasthof Steckholzer, 1570 m
Anfahrt: Innsbruck – Ausfahrt Matrei-Steinach der Brenner-Autobahn – Stafflach – St. Jodok. Bei der Talverzweigung rechts ins Valser Tal. Etwa 3 km später von der Talstraße nach rechts abzweigen, auf schmaler, aber asphaltierter Bergstraße zum Steckholzer (1570 m). Parkplatz etwas oberhalb des Gasthauses.

Unschwierige und ungefährliche Rundwanderung, teilweise etwas steil. Vorzüge: herrliche Spielplätze im Wald und im Almgelände; Gipfelkreuz und Gipfelbuch beweisen die Bedeutung des Gipfels (wichtig für den Bericht an die Klassenkameraden am nächsten Schultag); Blick zu Olperer und Co.; Beobachtung von Gämsen (mit etwas Glück).

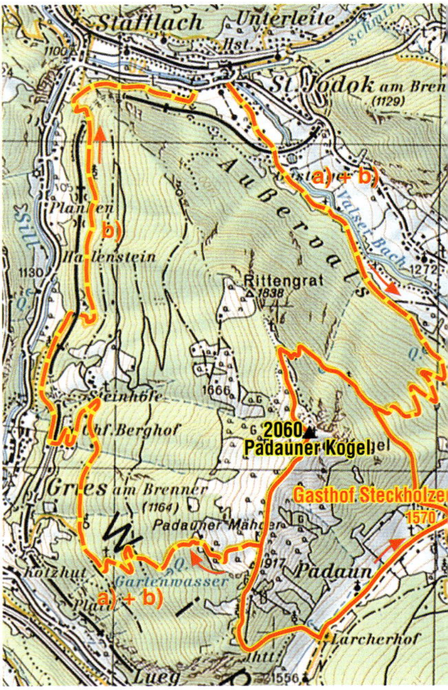

Aufstieg

Zum Gasthof hinunter. Nach links und zwischen Holzzäunen zum Waldrand. Hier erstmals Wegtafel „Padauner Kogel“. Auf schönem Weg steil durch den Wald, dann querend und ansteigend zu einem Rücken. Aussichtsreich (Blick ins Obernbergtal und zu den Tribulaunen) zum Gipfelkreuz. Großartiger Panoramablick durch die vorgeschobene Lage.

Abstieg

Über den Südrücken, nunmehr mit Blick zum Brennerpass, zum Wolfendorn und zum Hühnerspiel. Kurz nach der Waldgrenze biegt unser Weglein (vor den steilen Südabbrüchen) scharf nach links ab. Erst durch Wald, dann über Wiesen, zum Weiler Padaun, den wir beim Larcherhof erreichen. Auf dem (wenig befahrenen) Sträßchen in 20 Min. zurück zum Parkplatz.

Varianten

- 34a) Von der Haltestelle St. Jodok über den Padauner Kogel zur Haltestelle Gries am Brenner. Für Freunde der Eisenbahn! Vom Bahnhof in St. Jodok durch das Dorf und auf dem Jubiläumsweg oberhalb des Valser Baches talein. In einigen Serpentinen erreicht man den geschilderten Anstiegsweg zum Padauner Kogel. Weiter wie beschrieben. Auf dem Abstieg über den Südrücken nach rechts (Hinweisschild „Gries“) abzweigen und zum Bahnhof Gries absteigen. Ab 8 Jahren. 2 Std. länger als die Normalroute. Insgesamt 5 Std.
- 34b) Padauner Kogel als Rundwanderung von St. Jodok. In St. Jodok parken oder mit der Bahn anreisen. Wie bei a) zum Padauner Kogel und zum Bahnhof Gries absteigen. Entlang der Bahn, teilweise mit Gegensteigungen zurück nach St. Jodok. Ab 10 Jahren. 3 Std. länger als die „Normalroute“. Insgesamt 6 Std.

Wie sichern wir unsere Kinder?
Lesen Sie darüber auf Seite 8!

Blick vom Padauner Kogel ins Wipptal (Brenner-Autobahn, Matrei), darüber Serles, hinten Karwendel (Tour 34).

Anstieg zur Frauenwand vom Tuxer Joch (Tour 35).

Tuxer Joch, 2338 m

Grenze zwischen Zillertaler und Tuxer Alpen

Kindereignung: Ab 6 Jahren
Gehzeit: ↑ 2½ + ↓ 1½ = 4 Std.
Höhenunterschied: 750 m
Talort: St. Jodok, 1129 m
Auskünfte: Tourismusverband A-6154 St. Jodok am Brenner, Tel. 05279/5204, Fax 5204
Landkarte: Mayr WK 24 oder Freytag & Berndt WK 241
Ausgangspunkt: Schmirn, Weiler Kasern, 1620 m
Anfahrt: Innsbruck – Ausfahrt Matrei-Steinach der Brenner-Autobahn – Stafflach – St. Jodok.
Bei der Talverzweigung kurz nach dem Dorf links und durch das gesamte Schmirntal bis zum Ende der öffentlichen Fahrstraße bei Kasern. Busverbindung Steinach am Brenner – St. Jodok – Schmirn – Kasern (Linie 4144).

Unser Aufstieg trennt die Zillertaler von den Tuxer Alpen. Er ist kurzweilig und die Umgebung des Tuxer-Joch-Hauses bietet großartige natürliche Spielplätze. Der Weg erfordert an einigen Stellen Aufmerksamkeit, ist aber unschwierig. Eindrucksvoller Blick ins Hintertuxer Gletscherskigebiet mit seiner großartigen Bergumrahmung.

Aufstieg

Auf breitem Fahrweg entlang dem Kaserer Bach in den Kaserer Winkel. Am Ende des Fahrweges biegt der Hüttenanstieg nach links ab. Er führt, teilweise steil, aber unschwierig, zum Tuxer Joch, dann bequem in einer Viertelstunde weiter zum Tuxer-Joch-Haus.

Abstieg: Wie Aufstieg

Varianten

35a) Frauenwand, 2541 m. Markiertes Weglein. Ab 8 Jahren. Von der Hütte hin und zurück 1¼ Std.

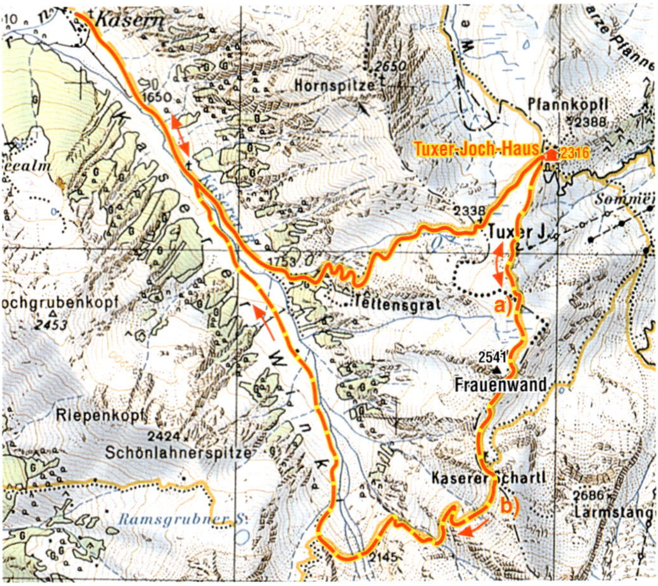

● 35b) Abstieg von der Frauenwand über das Kaserer Schartl nach Kasern. Deutlich anspruchsvoller (Querung steiler Hänge). Ab 10 Jahren. Insgesamt 6½ Std.

Anmerkung:

Tuxer-Joch-Haus (2316 m), Österreichischer Touristenklub, bewirtschaftet Mitte Juni bis Anfang Oktober, 41 Schlafplätze, Tel. 05287/216.

Am Tuxer Joch: Im Mittelgrund die Frauenwand, hinten Olperer, Großer und Kleiner Kaserer.

Naviser Hütte, 1767 m

Kurzer Anstieg zu einem schönen Spielplatz

Kindereignung: Ab 3 Jahren (ev. Kraxen-Einschübe)
Gehzeit: ↑ 1¼ + ↓ ¾ = 2 Std.
Höhenunterschied: 400 m
Talort: Navis, 1340 m
Auskünfte: Tourismusverband A-6143 Navis, Tel. 05278/6408, Fax 6420
Landkarte: Mayr WK 24 oder Freytag & Berndt WK 241
Ausgangspunkt: Gebührenpflichtiger Parkplatz am Beginn des Schranzbergweges, unmittelbar vor dem Fahrverbot (1380 m, Schranken)
Anfahrt: Innsbruck – Ausfahrt Matrei-Steinach der Brenner-Autobahn. Auf gut ausgebauter Bergstraße nach Navis und weiter bis zum Parkplatz. Busverbindung von der Bahnstation Matrei am Brenner (Linie 8365) nach Navis. Zu Fuß ½ Std. bis zum Parkplatz.

Die Naviser Hütte ist ein Ziel für die erste „richtige“ Bergwanderung unseres Nachwuchses. Der Aufstieg ist kurz und ungefährlich. Wenn man nicht die Forststraße benützt, sondern die (markierten) Wegabkürzungen durch den Wald wählt, ist er für Kleinkinder anspruchsvoll und abwechslungsreich. Neben dem Saftl und den Würstln mit Pommes hat die Naviser Hütte auch einen Spielplatz mit allerlei Geräten zu bieten. Die Hütte ist ein gepflegtes Berggasthaus. Das ist für Familien mit Kindern ein Vorteil. Die Nächtigung vermittelt ein zusätzliches aufregendes Erlebnis. Ältere Geschwister können am nächsten Tag zum Naviser Kreuzjöchl starten, während die Kleinen vielfältige und ungefährliche Spielmöglichkeiten rund um die Hütte vorfinden.

Aufstieg

Beim Schranken zweigt ein Fußweg ab, der durch den Wald zur Naviser Hütte (1767 m) führt. Dabei muss man kurzzeitig auch den Fahrweg benützen. Von der Hütte hat

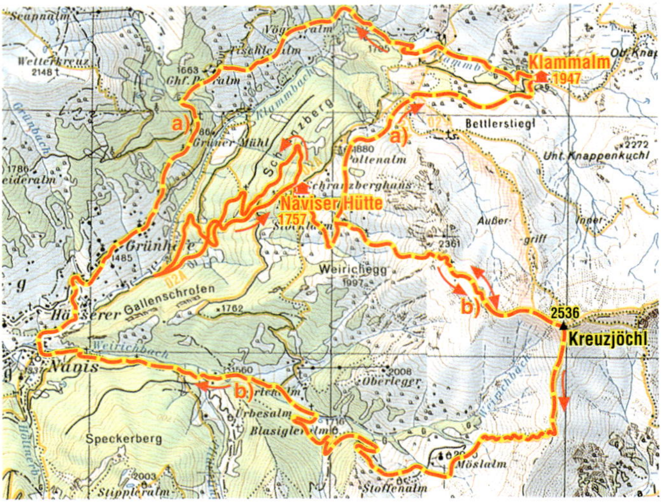

man einen trotz der geringen Höhe erstaunlich schönen Blick auf das Navistal und zu den Stubaier Alpen.

Abstieg

Wie Aufstieg oder zur Abwechslung auf dem Fahrweg.

Varianten

- 36a) Almenwanderung. Naviser Hütte – Stöcklalm – Poltenalm – Klammalm – Peeralm – Navis. In allen Almen Einkehrmöglichkeit. Ab 5 Jahren. Insgesamt 3½ Std.
- 36b) Naviser Kreuzjöchl (2536 m) mit Abstieg über Kupferbergalm (auch Möslalm) und Blasigler Alm nach Navis. Unschwierig, aber Trittsicherheit und Ausdauer erforderlich. Für ehrgeizige Jungbergsteiger ab 10 Jahren. 7 Std.
- 36c) Auf das Naviser Kreuzjöchl (2536 m) nach Nächtigung auf der Naviser Hütte. Ab 6 Jahren. Von der Hütte hin und zurück 3¾ Std.

Anmerkung:

Naviser Hütte, ÖAV (1767 m), ganzjährig bewirtschaftet (außer April), 76 Schlafplätze, Tel. 05278/6209. Von den Alpenvereinen als „kinder- und familienfreundlich“ empfohlen.

Abblick vom Naviser Kreuzjöchl ins Navistal. Darüber Stubaier Alpen.

Wenn der Föhn bläst, schlüpft man beim Rasten gerne in den Biwaksack (Tour 37).

Tour 37

Zirbenweg 2000

Berühmtester der vielen „Zirbenwege"

Kindereignung: Ab 4 Jahren
Gehzeit: Insgesamt 2½ Std.
Höhenunterschied: geringfügig
Talort: Igls (Stadtteil von Innsbruck), 870 m
Auskünfte: Tourismusverband A-6080 Igls,
Tel. 0512/377101, Fax 377101-7
Landkarte: Mayr WK 20 oder Freytag & Berndt WK 241
Ausgangspunkt: Bergstation Patscherkofelbahn, 1964 m
Anfahrt: Innsbruck – Igls, auch Straßenbahn (Linie 6) oder Bus (Linie J mit Endstation Patscherkofelbahn).

Tuxer Alpen

Der vielleicht berühmteste aller Höhenwege in Tirol führt in ungefähr 2000 m Höhe (daher „Zirbenweg 2000") hoch über dem Inntal vom Patscherkofel zur Tulfeinalm. Den Aufstieg übernimmt die Patscherkofelbahn in Igls, den Abstieg die beiden Teilstrecken eines Sessellifts von der Tulfeinalm nach Tulfes. Reiner Wandergenuss! Für Kinder gibt es großartige und ungefährliche Spielplätze in Hülle und Fülle.

Am Ende des Zirbenwegs, oberhalb der Tulfeinalm.

Wanderung:

Von der Bergstation der Patscherkofelbahn (1964 m) auf bequemem Weg zum Wegkreuz oberhalb der Jausenstation Boscheben (2030 m). Hier erweitert sich der Blick – bisher Inntal und Karwendel – auf Gipfel der Zillertaler und Stubaier Alpen. Durch schöne Zirbenbestände, vorbei an Felsblöcken, die zu Kletteraufenthalten einladen, zur Tulfeinalm (2035 m, Jausenstation). Mit der Sesselbahn nach Tulfes (923 m). Rückkehr nach Igls mit Bus (Linie 4134).

Varianten

- 37a) Auf den Patscherkofel, 2246 m, Innsbrucks Hausberg. Von Boscheben über den Ostrücken, dann steil auf Wegspuren zur Bergstation hinab. Ab 4 Jahren. Insgesamt 1½ Std.
- 37b) Naturlehrpfad (seit Juli 2000). Bezeichneter Rundwanderweg ab Bergstation. Ab 3 Jahren. 1½ Std.
- 37c) Über die Glungezerhütte zur Tulfeinalm. Ab 8 Jahren. 4½ Std.

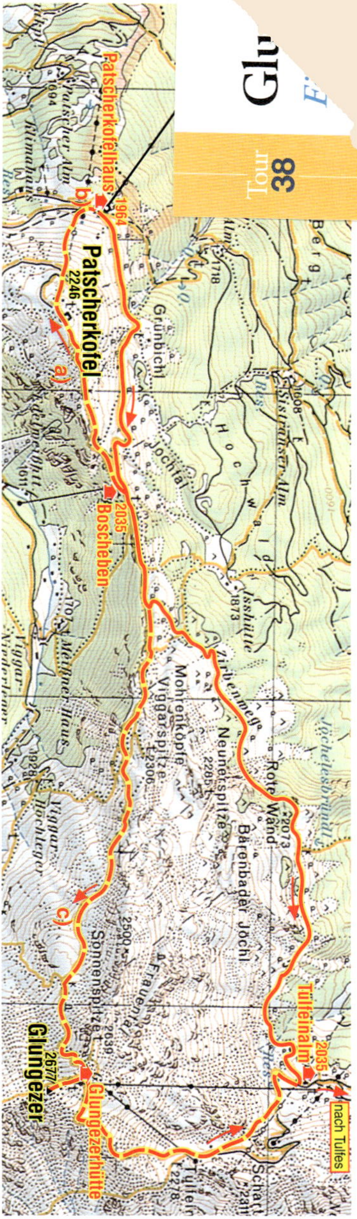

…ngezer (2677 m), Klettersteig

…n Umweg mit lustigen Kletterstellen

Tuxer Alpen

Kindereignung: Ab 8 Jahren
Gehzeit: ↑ 3 + ↓ 1 = 4 Std.
Höhenunterschied: 700 m
Talort: Tulfes, 923 m
Auskünfte: Tourismusverband A-6060 Tulfes, Tel. 05223/78324, Fax 78808
Landkarte: Mayr WK 20 oder Freytag & Berndt WK 241
Ausgangspunkt: Tulfeinalm, 2035 m

Anfahrt: Innsbruck – Ausfahrt Hall in Tirol der Inntal-Autobahn – Tulfes. Oder: Mit dem Bus (Linie 4130). Zur Talstation der Seilbahn und mit zwei Teilstrecken der Sesselbahn zur Bergstation. Von hier in wenigen Minuten zur Tulfeinalm.

Abblick ins Inntal vom Glungezer-Klettersteig.

Aufstieg:

Von der Tulfeinalm folgen wir der Hinweistafel „Klettersteig" teilweise auf einem Fahrweg bis zur Abzweigung unserer Route vom Normalweg noch vor der Schäferhütte. Der Klettersteig (mit blauen Punkten markiert) führt mit vielen Unterbrechungen und allerlei Umwegen, die aber durch wegloses Gelände führen und dadurch die Trittsicherheit fördern, zur Glungezerhütte (2610 m). Von hier steigt man (vor oder nach der Einkehr) in wenigen Minuten zum großen Gipfelkreuz auf. Das Kreuz steht auf einer vorgeschobenen Kuppe. Der höchste Punkt liegt etwas weiter südlich und wird viel seltener bestiegen.

Der Glungezer war in der Frühzeit des Skilaufs eine der berühmtesten Skitouren der Alpen. Dem Glungezer als Skigipfel verdanken wir die Aufstiegshilfen, die uns auch im Sommer den langen Aufstieg von Tulfes bis zum Gipfel (1800 Höhenmeter!) verkürzen. Neben dem Normalweg gibt es auch einen Klettersteig, der sich ganz besonders für Kinder eignet: er ist verhältnismäßig leicht, weist lustige Kletterstellen auf, die man in jedem Fall (wenn der Jungalpinist seinen Mut überschätzt hat) auch umgehen kann. Die Sicherungen wurden kürzlich erneuert und sind in einem ausgezeichneten Zustand. Kinder müssen angeseilt (Brust-Sitzgürtel) und wie auf einer Klettertour (also nicht mit der bei Erwachsenen üblichen Klettersteig-Selbstsicherung) gesichert werden. Ein Helm ist nur an einer der Kletterstellen empfehlenswert.

Abstieg:

Von der Hütte auf gutem Weglein nach rechts zu einem Rücken, über diesen hinunter, bis man auf den Anstiegsweg stößt und wenig später die Bergstation bei der Tulfeinalm erreicht.

Varianten:

38a) Glungezer (2677 m) auf dem Normalweg. Unschwierig. Ab 6 Jahren. 2¼ Std.

Anmerkung:

ÖAV Glungezerhütte (2610 m). Sommerbewirtschaftung Anfang Juni bis Ende Oktober. 38 Schlafplätze. Anschrift: A-6060 Tulfes, Tel. 05223/78018.

Mölser Sonnenspitze, 2496 m

Rundwanderung mit Spielpause beim Mölssee

Kindereignung: Ab 6 Jahren
Gehzeit: ↑ 1¾ + ↓ 2¼ = 4 Std.
Höhenunterschied: ↑ 500, ↓ 1050 m
Talort: Wattens, 564 m
Auskünfte: Tourismusverband A-6112 Wattens, Tel. 05224/52904, Fax 52904
Landkarte: Mayr WK 34 oder Freytag & Berndt WK 241
Ausgangspunkt: Lizumer Hütte, 2019 m
Anfahrt: Innsbruck – Ausfahrt Wattens der Inntal-Autobahn. Richtung Süd durch den Markt zum Beginn der Bergstraße zum Lager Walchen des österreichischen Bundesheeres, 1410 m. Ab hier Fahrverbot, jedoch Auffahrt mit Taxi möglich: Tel. 05224/53399 (bei Anreise mit der Bahn auch ab Wattens). Ohne Taxi 2 Std. länger.

Die Lizumer Hütte erschließt ein prächtiges Wandergebiet. Besonders schön ist unsere Rundtour von der Lizumer Hütte über die Mölser Scharte – mit oder ohne „Mitnahme“ der Mölser Sonnenspitze – zu den malerischen Mölsseen und zum Lager Walchen.
Für jüngere Kinder ist unsere Rundwanderung nur empfehlenswert, wenn sie mit dem Taxi zur Lizumer Hütte fahren können.

Aufstieg

Von der Lizumer Hütte, teilweise auf einem Fahrweg, meist aber auf einem Bergpfad, zur Mölser Scharte (2379 m). Von hier steigt man über die Gratverbindung zur formschönen Mölser Sonnenspitze (2496 m) auf – unschwierig, aber doch recht alpin und etwas ausgesetzt. Nicht markiert, doch deutliche Wegspuren. Von der Scharte hin und zurück 40 Min.

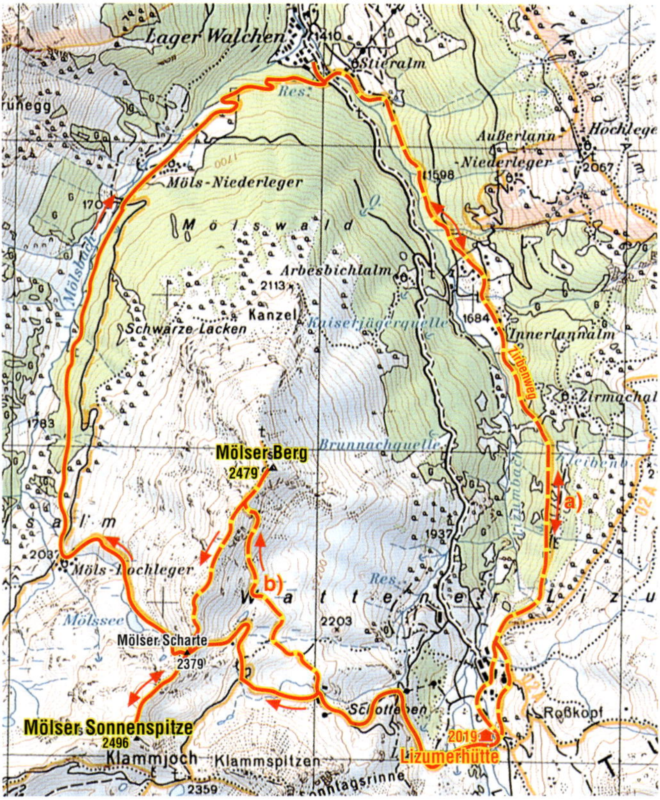

Abstieg

Von der Scharte steil – Ende Juni, Anfang Juli zwischen herrlichen Alpenrosenfeldern! – zum malerischen Mölssee hinunter, einem der schönsten Spielplätze, die man sich vorstellen kann. Nach einer entsprechenden Pause setzt man den Abstieg zum Mölser Hochleger (2037 m) fort. Die Markierungen folgen nun der Fahrstraße. Schöner ist es, auf einem Fußweg abzusteigen, der unterhalb des Sträßchens zum Mölsbach und dem Bach entlangführt. Erst weit unten, beim Mölser Niederleger, treffen wir wieder auf den Fahrweg, über den wir zum Lager Walchen zurückkehren.

Varianten

- 39a) Vom Lager Walchen über einen Zirbenweg zur Lizumer Hütte. Ab 5 Jahren. Hin und zurück 3¼ Std.
- 39b) Mölser Berg, 2479 m. Von der Lizumer Hütte auf halbem Weg zur Mölser Scharte nach rechts. Erst über einen Fahrweg, dann auf einem wenig ausgeprägten Weglein zum Mölser Berg. Vom Gipfel über den Gratrücken (Wegspuren) in die Mölser Scharte und wie bei der Hauptroute ins Mölstal und zum Lager Walchen. Ab 6 Jahren. 4 Std.

Anmerkung:
Lizumer Hütte, ÖAV (2019 m), Sommerbewirtschaftung Mitte Juni bis Anfang Oktober, 62 Schlafplätze, Tel. 05224/52111.

Der Mölssee, herrlicher Spielplatz für Kinder (links)!

Der Mölssee am Abstiegsweg von der Sonnenspitze (unten).

Kellerjoch, 2344 m

Kraxlerei zum höchsten Punkt des Kellerjochs

Kindereignung: Ab 6 Jahren
Gehzeit: ↑ 1¾ + ↓ 1¼ = 3 Std.
Höhenunterschied: 500 m
Talort: Schwaz, 545 m
Auskünfte: Tourismusverband A-6130 Schwaz, Tel. 05242/63240, Fax 65630
Landkarte: Mayr WK 31 oder Freytag & Berndt WK 151
Ausgangspunkt: Berghaus Hecher, 1887 m
Anfahrt: Innsbruck – Ausfahrt Schwaz der Inntal-Autobahn. Über die Innbrücke und den Fluss aufwärts bis zur Talstation der Seilbahn Kellerjoch.
Oder: Mit dem Bus (Linie 4121) zur Talstation. Mit drei Teilstrecken der Sesselbahn zum Berghaus Hecher.

Der höchste Gipfel am Kellerjoch heißt Kreuzjoch, wird aber von der Bevölkerung nur Kellerjoch genannt . Er ist einer der schönsten Aussichtspunkte in Tirol. Noch mehr werden sich Kinder aber über die Kraxlerei zum Gipfel freuen. Dieser Gipfelaufstieg ist mit Drahtseilen und Eisenbügeln „entschärft“. Dennoch jüngere oder weniger geübte Kinder anseilen! Im Frühsommer rundum Teppiche aus Alpenrosen! Bei einer „kindgerechten Führung“ werden Kinder nach der Wanderung auch gerne noch Schloss Freundsberg oberhalb von Schwaz besichtigen.

Aufstieg

Von der Bergstation beim Hecher führt der Weg erst durch die Westflanke, dann auf einem Rücken zur Kellerjochhütte (2237 m). Die Hütte liegt in herrlicher Lage auf einer aussichtsreichen Kuppe. Jetzt wird es für unsere jungen Begleiter erst richtig spannend. Ein versichertes Steiglein führt durch die Felsen zum Gipfel. Hier steht eine Kapelle und Ruhebänke laden zu einer längeren Rast ein.

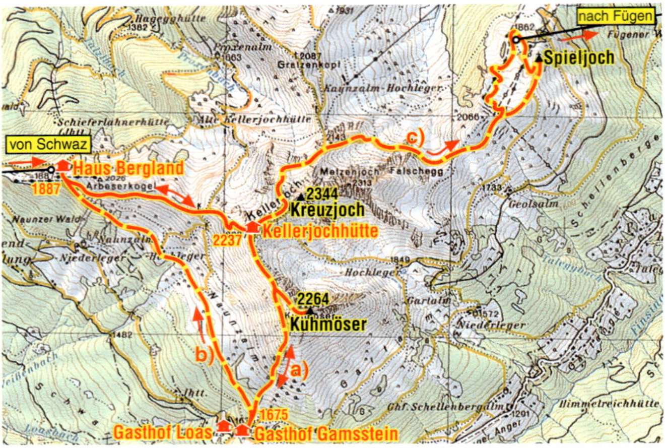

Abstieg: Wie Aufstieg.

Varianten

- 40a) Auto statt Sesselbahn: auf kurvenreicher Bergstraße zum Loassattel mit der Gamssteinhütte (1675 m). Ab 7 Jahren. Zum Kreuzjoch und zurück 3½ Std.
- 40b) Rundwanderung Berghaus Hecher – Kreuzjoch – Kuhmesser – Gamssteinhütte – Berghaus Hecher. Zum Kuhmesser Stichweg, nur Wegspuren, steil. Weiter zur Gamssteinhütte und mit leichtem Gegenanstieg durch die Südwestflanke des Kellerjochs zurück zum Berghaus Hecher. Ab 9 Jahren. Insgesamt 5 Std.
- 40c) Überschreitung zur Spieljochbahn im Zillertal. Vom Kreuzjoch steil auf Wegspuren zum markierten Wanderweg, der in der Grundrichtung Ost zur Bergstation Spieljoch führt. Mit der Gondelbahn („Zwei-Bahnen-Karte“ Kellerjoch und Spieljoch) nach Fügen. Bus zurück nach Schwaz. Ab 8 Jahren. Vom Kreuzjoch zum Spieljoch 1½ Std. Insgesamt 3¼ Std.

Anmerkung:
Kellerjochhütte, ÖAV (2237 m), bewirtschaftet Mitte Juni bis Anfang Oktober, 30 Schlafplätze, Tel. 05242/73750.

Abblick vom Kellerjoch auf die alte Silberstadt Schwaz.

Ortsregister

A

B C

D

E

F

G

H

O

P Q

R

S

T

U V

W

X Y Z

Die hier vorgestellten Touren wurden von den Autoren mit Kindern unterschiedlichen Alters begangen. Alle Angaben in diesem Führer wurden sorgfältig recherchiert und erfolgen nach bestem Wissen. Für die Richtigkeit der Angaben kann jedoch keine Haftung übernommen werden.

Die Deutsche Bibliothek – CIP-Einheitsaufnahme

Bibliografische Information Der Deutschen Bibliothek
Die Deutsche Bibliothek verzeichnet diese Publikation in der Deutschen Nationalbibliografie; detaillierte bibliografische Daten sind im Internet über http://dnb.ddb.de abrufbar.

2. Auflage 2003

Umschlaggestaltung: Mag. Elke Staller, Innsbruck
Layout: Tyrolia-Verlag, Innsbruck
Alle Fotos mit Ausnahme jener, bei denen ein Bildnachweis steht, stammen von Siegrun Weiss
Karten: © BEV – 2003, vervielfältigt mit Genehmigung des BEV – Bundesamt für Eich- und Vermessungswesen in Wien, Zl. EB 2003/00428
Routeneintragungen in den Karten: Kartographischer Verlag Walter Mayr, Innsbruck, nach Vorlagen von Siegrun Weiss
Rückseitige Panoramakarte: © Kartographischer Verlag Walter Mayr, Innsbruck
Lithographie: Laserpoint, Innsbruck
Druck und Bindung: Athesia-Tyrolia Druck, Innsbruck
ISBN 3-7022-2372-X